广东省哲学社会科学"十三五"规划项目
广东省教育科学"十三五"规划项目（2019GXJK087）

中学学科教学中的创新思维训练

付道明　著

电子科技大学出版社
University of Electronic Science and Technology of China Press

·成都·

图书在版编目（CIP）数据

中学学科教学中的创新思维训练 / 付道明著. — 成都：电子科技大学出版社, 2021.2

ISBN 978-7-5647-8767-7

Ⅰ.①中… Ⅱ.①付… Ⅲ.①课堂教学–教学研究–中学 Ⅳ.①G632.421

中国版本图书馆CIP数据核字(2021)第030759号

中学学科教学中的创新思维训练

付道明　著

策划编辑　　杜　倩　李述娜

责任编辑　　杜　倩

助理编辑　　魏祥林

出版发行　　电子科技大学出版社

　　　　　　成都市一环路东一段159号电子信息产业大厦九楼　邮编　610051

主　　页　　www.uestcp.com.cn

服务电话　　028-83203399

邮购电话　　028-83201495

印　　刷　　石家庄汇展印刷有限公司

成品尺寸　　170mm × 240mm

印　　张　　13.25

字　　数　　245千字

版　　次　　2021年2月第一版

印　　次　　2021年2月第一次印刷

书　　号　　ISBN 978-7-5647-8767-7

定　　价　　68.00元

前　言

"创新"一词最早出自《南史·后妃传上·宋世祖殷淑仪》："据《春秋》,仲子非鲁惠公元嫡,尚得考别宫。今贵妃盖天秩之崇班,理应创新。"从哲学上来看,创新是人类的一种创造性实践行为;从社会学视角来看,创新是人们为了社会发展需要突破常规并产生新事物、新思想的活动;从经济学的角度来看,创新是一种创造新事物并获得有益效果的行为。创新覆盖政治、军事、经济、社会、文化、科技等诸多领域,在学科领域表现为知识创新,在行业领域表现为技术创新,在职业领域则表现为制度创新。

创新是民族进步、国家兴旺发达、政党永葆生机的源泉。中华民族自古以来崇尚创新,蕴含中国古代创新智慧的四大发明(造纸术、指南针、火药和印刷术)对世界文明产生了巨大的影响力。意大利数学家杰罗姆·卡丹认为,中国古代四大发明是"整个古代没有能与之相匹配的发明"。19世纪40年代以来,中国积贫积弱、饱受欺凌,在经济、社会、文化、军事、科技等诸多领域落后于西方。因此,创新人才的培养成为教育的头等大事。

新中国成立以来,中国共产党和政府一直以来高度重视创新。2014年6月习近平强调,我国科技发展的方向就是创新、创新、再创新。2019年2月,中共中央、国务院印发的《粤港澳大湾区发展规划纲要》指出,广东省要立足于粤港澳大湾区创新要素聚集的优势,实施创新驱动发展战略。2020年11月3日《中共中央关于制定国民经济和社会发展第十四个五年规划和二〇三五年远景目标的建议》提出了四个关键词,依次是创新、产业、市场和改革,科技创新在我国未来现代化发展中将占据核心地位。实施创新驱动发展战略,最根本的是要增强自主创新能力,这是新时代对我国教育事业提出的一项极为重要的要求,而教师就是担负这一重任的职业者,其自身的创新能力显得尤为重要。创新人才不仅要有知识,而且要有创造性的思维方式、能力以及创造性人格。创新思维是创新能力的具体表现和核心,是教师进行教学创新和创新教学的核心基础和不竭源泉。教师的创新能力不仅影响其实施教育创新的可能性,更会影响学生创新能力的发展水平。是否具有创新能力是新时代衡量教师合格与否的重要标志之一。努力发展创新能力，完善自身能力结构，也是当下教师应具备的职业素质之一。

本书由广东第二师范学院创建国家教师教育创新实验区——名家工作室项目资助，是广东省哲学社会科学"十三五"规划 2020 年度一般项目"智能时代粤港澳大湾区教师教育合作模式与创新应用研究"（课题编号：GD20CJY15）、广东省教育科学"十三五"规划 2019 年度高校哲学社会科学专项研究项目"新时代粤港澳大湾区教师教育协同创新与发展研究"、2019 年广东省省级高等教育教学改革项目"智能教育产业学院建设的探索与实践"的阶段性研究成果。

本书的案例主要来源于"广东省创建国家教师教育创新实验区"项目的示范性教师教育实践基地学校。案例的筛选和打磨工作主要依托广东第二师范学院教学法联盟、教学名师队伍和教师教育学院教学团队来完成。全书共两个模块，合计十三章，具体编写分工如下：第一章"创新思维训练的理论与技术"由付道明教授执笔；第二章"创新思维中的教育技术"由朱龙、董安美、王一敏、麦子号、吕晓红五位老师撰写；第三章"教师创新思维中的认知与脑科学"由韩迎春、梁运华、李俊娇三位老师撰写（其中第一、二节由梁运华老师执笔，第三节由韩迎春副教授执笔，第四节由李俊娇老师执笔）；第四章"创新思维训练的方法与技术"由韩迎春老师执笔；第五章"德育中的创新思维训练"由朱旭、吴回生老师撰写（其中第一、二节由朱旭老师执笔，第三节由吴回生教授执笔）；第六章"语文教学中的创新思维训练"由余新明老师执笔；第七章"数学教学中的创新思维训练"由阎昕明老师执笔；第八章"英语教学中的创新思维训练"由傅瑞屏老师执笔；第九章"物理教学中的创新思维训练"由高洁老师执笔；第十章"化学教学中的创新思维训练"由曹曼丽老师执笔；第十一章"生物教学中的创新思维训练"由张爱玲老师执笔；第十二章"历史教学中的创新思维训练"由薛国军老师执笔；第十三章"体育教学中的创新思维训练"由曹姣老师执笔。付道明老师负责书籍编写的策划、组织和全书统稿工作。

在本书的编写过程中借鉴和采用了国内众多研究者的相关研究成果，在这里，我们向这些研究者表示由衷的敬意和谢意！

付道明

2020 年 12 月 20 日

目　录

模块1　创新思维训练的理论与技术

模块 2 中学学科教学创新思维训练

模块 1

创新思维训练的理论与技术

第一章　创新思维概述

【引言】

　　努力让我国的每个孩子都能享有公平而有质量的教育是进入新时代后党和政府一直努力的方向，并被写入中国共产党十九大的报告中。中小学生创新能力的培养成为基础教育领域关注的热点和重点，而在基础教育创新性教育教学改革中，教师无疑承担了关键的职责。国内外相关研究显示，教师创新性教学行为与中小学生创新能力的培养具有显著的相关性。

【本章要点】

● 创新思维的内涵与构成元素
● 创新思维训练的依据与意义
● 中学学科教学中创新思维的训练

第一节　创新思维的内涵与构成元素

一、创新思维与智慧

（一）创新思维

1960 年以来，随着认知心理学的兴起和快速发展，思维与创造力的研究引起了哲学社会科学领域研究者们的高度重视。研究者们开始运用社会科学和自然科学的方法从基础研究入手分析创新思维，试图破解人类创造力形成的认知基础。几乎与基础研究同步，为了极大地促进企业员工创造更多的价值，创新思维训练被运用在企业员工培训中。美国在 20 世纪 70 年代首先尝到了甜头，其企业通过创新思维训练大大提高了生产效率和绩效，同时，一批创新思维训练手段、方法以及测量量表被开发出来。西方一些发达国家纷纷效仿美国，在全球掀起了创新思维训练和创新教育的热潮。20 世纪末，以创新思维为研究对象的新型逻辑学科——创新思维学诞生。该学科系统研究创新思维的心理哲学基础、创新思维的本质、基本原理、创新技法以及训练方法等。

2006 年，中国国务院颁布《国家中长期科学和技术发展规划纲要（2006-2020 年）》（下文简称《纲要》），旨在促进我国科学技术创新发展。国务院在《纲要》中提出，到 2020 年我国科学技术自主创新能力显著增强，科技促进经济社会发展和保障国家安全的能力显著增强，使得中国进入创新型国家行列。历史上，我国以"两弹一星"、载人航天、杂交水稻等为代表的若干重大项目为依托，以创新思维训练为抓手，取得若干重大科技创新成果，有效提升了国家的综合实力。

进入新时代，以习近平同志为核心的党中央高度重视科技创新工作，观察大势，谋划全局，深化改革，全面发力，推动我国科技事业取得历史性成就、发生历史性变革。天宫、蛟龙、天眼、悟空、墨子、大飞机、高铁、北斗等重大创新成果竞相涌现，科技创新势头强劲，一些前沿领域开始进入同世界科技强国并跑、领跑阶段。我国的科技实力正在从量的积累迈向质的飞跃，从点的突破迈向系统能力提升。2020 年突如其来的新冠疫情及其防控，中国的国家制度优势、完整的工业体系、整体的创新能力得以在全世界面前展现。在这次抗击新冠肺炎疫情过程中，广大科技工作者在疫病治疗、疫苗研发、疫情防控等多个重要领域开展科研攻关，为统筹推进疫情防控和经济社会发展提供了有力支撑、做出了重大贡献。教师的创新教学在新时代发挥了重要的作用，中国教育多年的厚积薄发成就了今日科技创新之成果。

创新思维是创新的一个部分、一个阶段，是人类思维的高级形态，主要是指思维上的创新，即创造或产生一个新的思想、观点、知识等。通过运用创新思维，人们能够产生前所未有的、有价值的创新思维成果，即认识成果。千百年来，人类正是通过创新思维去认识周围的世界，并通过创造性活动去改变世界。对于创新思维的概念与内涵，人们通常有广义和狭义两种界定。广义的创新思维主要是指科学问题解决过程中所有对创造性成果起作用的思维；狭义的创新思维则是指人类创新创造活动中直接由思维活动产生创造性成果的思维，如灵感思维、直觉思维、顿悟等。本研究主要关注教师开展创新性教学中直接由思维活动而形成创新成果的思维，即狭义的学科教学创新思维。由此而研发的学科教学创新思维训练工具、方法以及实施案例均指狭义的教学创新思维。在创新性教学中，发散思维、聚合思维、系统思维、直觉思维以及灵感、想象等思维形式为教师提供了形式多样的思维方法。

根据我国心理学大辞典的解释，创新思维（即创造性思维）既具有一般思维的特点，又不同于一般思维。首先，创新思维往往与创造性活动联系在一起，其结果是产生具有社会价值的新颖而独特的思维成果；其次，创新思维是思维与想象的有机统一；再其次，创新思维活动中常常有"灵感"的出现；最后，创新思维是发散思维和聚合思维、分析思维与直觉思维的统一。

（二）智慧

"智慧"一词最早出自《墨子·尚贤中》："若使之治国家，则此使不智慧者治国家也，国家之乱，既可得而知已。"经济学、博弈理论高级学术著作《博弈圣经》给智慧的定义为：智慧就是文化进程中独创的执行力。智慧是生命所具有的基于生理和心理器官的一种高级创造思维能力，包含对自然与人文的感知、记忆、理解、分析、判断、升华等所有能力。智慧与智力不同，智慧表达智力器官的综合终极功能，与"形而上之道"有异曲同工之处；智力则谓"形而下之器"，是生命的一部分技能。

古今中外，研究者们专门针对智慧的研究较为稀少和分散，也鲜有专门著述研究智慧这一主题的文献。遵循文献研究的思路，我们大致可以从哲学和心理学两个领域整理出零散的一些提及"智慧"这一概念的文献。

从哲学的研究视角来看，古代中外先贤均对智慧早有论述，如赫拉克利特（Heraclitus）、苏格拉底（Socrates）、柏拉图（Plato）、亚里士多德（Aristotle）、西塞罗（Marcus Tullius Cicero）、笛卡尔（René Descartes）、罗素（B.A.W. Russell），以及我国古代如先秦儒、道、墨、法诸家，汉代哲学家王充，近代著名哲学家冯契以及当代哲学家们从形而上、实践生活、体悟运用直至实践唯物辩证主义等维度对智慧的内涵、本质、构成以及价值取向进行了哲学层面的分析。综合古今中外哲学家们的思考，智慧在哲学层面主要指涉及人性、人的全面发展的、复杂的、整体的和系统的对人的全面本质的占有。

从心理学的视角，20世纪初美国心理学家斯坦利·霍尔（G. Stanley Hall）才首次提出"智慧"这一概念。心理学领域在研究智力和创造力问题时，对智慧进行了深入的探讨，并形成了内隐和外显两种理论假说。

具有代表性的外显智慧理论有"八阶段理论"、智慧平衡理论、柏林智慧范式、智慧的跨学科整合理论、"超越智慧"理论、进化解释学说、观念反思学说、多维度理论、三维模式理论、德才兼备理论等十余种。如心理学家爱利克·埃里克森（E. H. Erikson）提出著名的"八阶段理论"，认为在人生的每个阶段的两种对立的人格发展状态中，老年期的"整合"人格便说明了个体已获得充实的、超脱的和完美感的智慧，能坦然面对死亡。我国心理学研究者提出智慧是个体在智力与知识的基础上形成的德才兼备的综合心理素质。提出内隐智慧理论的心理学家们从语言认知（特征词等级评定）、生活情境叙事以及内隐实验等三个视角进行了研究。

（三）创新思维与智慧的关系

创新思维与智慧有着密切的联系。无论是哲学领域还是心理学领域对智慧的研究和界定，均认为智慧是人类全面的甚至是德才兼备的综合心理素质，人类的智慧人格，必然需要通过智力发展、创新思维训练乃至创造性活动来最终形成。

二、创新思维的本质因素

（一）创新思维的心理学构成元素

创新思维是开拓人类认识新领域的思维活动，是最能反映人类智慧的、复杂的高级思维过程。创新思维始于问题，其往往是人类显性意识与潜在意识产生热烈的甚至是激烈的交互作用的结果。创新思维训练的心理因素主要有以下几点。①稳定的兴趣和强烈的好奇心。兴趣和好奇心是人类探索和认识世界的一种心理倾向。稳定的兴趣就像兴奋剂一样，可以激发出人们创造事物的极大热情。强烈的好奇心则会驱动人类主动地去探索宇宙的奥秘。②顽强的意志力。意志力是人类锲而不舍地根据认知目标调节自身行为并坚持达成目标的心理品质。③情感。情感是人们对客观事物是否满足自身需要而产生的态度体验，是创新思维中人们在生理上的一种复杂而又稳定的生理评价和体验。④自信心。自信心是反映个体对自身是否有能力成功完成某项活动的信任程度的心理特性。

（二）创新思维的本质因素

教学的创新思维作为教师在教育教学活动中的高级思维形式，其本质上是其教学活动中富有独创性、新颖性的思维形式，在本质上是对原有教学的超越与突破。教学创新思维具有首创性、发散性、综合性等特点，是教育创新的源动力。

首先，教学创新思维是富有创见的思维。思维贯穿于教师教育教学活动的方方面面，教师的思维方式是其在教育教学过程中所习惯性运用的思维路线。教师通过调节自身心理素质、生理能力以及整合外部教育环境，使自身获得较高的教学素质水平，并将创新思维用于教育理念和实践的创新中。

其次，教学创新思维是教学出新与超越的统一。在功能上看，教师的创新思维是在教学过程中对推陈出新、变革传统教育的认知结果。在教学创新方面，教师先是运用创新思维和手段解决教育教学中老旧的教学方式或问题，再是采用新颖的教学思路和方法解决创新人才培养中的难题，最后是运用创新思维解决教学改革的核心问题，从而获得全新的思维成果。

三、学科教学中创新思维的内涵与构成元素

教师在学科教学中的创新思维培养与训练历来受到各国的重视。从 20 世纪 30 年代以来，美国就开始从国家层面培养国民的创新思维，先后启动了 2061 计划、阿尔法计划等，对教师在学科教学中如何开展创新性教学提出了明确和具体的要求。欧美其他国家如英国等也在其中小学课程标准中提出创新思维培养和技能训练的相关要求，对教师开展创新性教学提出了要求。中国在此方面落后于欧美国家。20 世纪 80 年代钱学森创办的中国创造学研究所标志着中国在创新思维研究方面的起步，同时期在全国中小学开始的创造教育实验与研究以及对中小学教师培训等事件反映了我国基础教育对教学创新思维培养的重视。

陕西师范大学胡卫平教授团队基于思维的"三棱结构"模型提出的"学思维"活动课程是近几年国内有影响力的创新课程体系。该课程强调教师从激发学生学习动机导入，以认知冲突诱发与主动多重建构开展教学，以学生自我监控进行学习反思，以深度内化和灵活应用进行知识应用的迁移，形成以训练创新思维为核心的创新性教学。该团队基于"思维型"教学理论构建了教师创新教学行为指标体系，并通过德尔菲法进行了修订和信效度的检验，其形成的教学创新思维的内涵与构成元素具有一定的代表性。

第二节　创新思维训练的依据与意义

一、创新思维训练的依据

教师的创新思维训练历来受到各国的重视，其训练具有生理学、心理学等理论支持。

在教师的创造性教育教学活动中，创新思维始终离不开心理因素的复杂交织和参与。教师心理结构的协调、稳定、积极的运行构成了教师创造性活动的基础。创新动机、兴趣和好奇心、意志力、情感和自信心等心理品质对教学创新思维的产生、运行和发展具有重要的意义。

（1）创新动机作为一种心理活动，能够有效激发教师发动并维持其创新性教育教学行为活动。创新动机产生于教学创新的需要，其目标指向国家创新型人才的培养，并通过创新型教学文化的打造形成持续的群体动力推动基础教育课程的改革和发展。

（2）创新兴趣是教师对创新性教育教学活动产生的积极的心理倾向，是教师持续创造性开展教学活动的定向动力。

（3）创新意志是贯穿于教师创造性教学活动的基本心理因素。教师通过坚强的意志力克服创造性教学活动中的各种困难来维持创新思维活动的深入并达成创新目标。

（4）创新情感是教师通过控制、管理和调节情感来稳定自身心理状态，以达到创新教学目标和创新型人才培养的心理因素。积极饱满的创新情感对于教师具有激励和调控的功能。情感心理因素使得教师能够始终保持创新思维的敏感度，调控自身创新性教学行为。

（5）自信心是教师对自身是否有能力成功完成创新性教育教学活动的信任

程度的心理因素。教师通过积极有效地表达自我价值、自我尊重、自我理解来发展自我的意识和心理状态，调节自身行为。

二、创新思维训练的意义与价值

（一）创新思维在国家战略发展中的地位与价值

现代国际竞争日趋激烈，中美贸易战本质上是国家未来发展制高点的竞争。因此，依靠自主创新的经济、社会、文化、教育、政治等综合实力决定了国家未来发展的成败。教育是人才的蓄水池，是科技进步、经济发展、文化繁荣的基础。教育的创新发展对国家发展具有关键性的作用和意义。

2006 年的全国科技大会便提出自主创新、建设创新型国家战略，并颁布实施《国家中长期科学和技术发展规划纲要（2006-2020 年）》。2016 年 5 月，中共中央、国务院颁布《国家创新驱动发展战略纲要》，我国开始加快实施国家创新驱动发展战略。在世界公认的创新型国家如美国、日本、芬兰、韩国等国的发展指数中，创新综合指数较高，科技进步贡献率在 70% 以上，研发投入占 GDP 的比例超过 2%，对外技术依存度指标在 30% 以下。我国要建设创新型国家，必须储备大量的创新型人才，而创新型人才的培养，离不开教师的创新思维。因此，教学创新思维训练对于国家创新型人才的培养具有重要的地位与价值。

（二）创新思维在人才培养中的地位与价值

1.高素质、创新性人才的需求悄然改变教育教学的模式，创新思维在人才培养中居于核心地位

根据研究者对 20 世纪 80 年代以来美国社会对劳动者素质的需求分析报告，40 年来全美更高知识层次和技能应用的工作几乎全面替代 1980 年以前的日常操作和常规技能型的工作岗位。大量"基于规则的、程序性的、操作型的"常规工作如电话接听员、流水线工作、图书管理员、司机等岗位被人工智能时代的智能机器人所代替，而需要包含更多"抽象问题解决""创新性思维"的创造性工作，如科学家、设计师、策划者、经理等正在成为热门职业。社会对于人才需求的变化正在倒逼高等教育、基础教育的人才培养。学校教育的根本任务是培育公民的创新素质，培养学生应对未来智能时代的社会挑战、处理知识爆炸式增长的信息的素质和能力。在欧洲、日本、新加坡等发达国家，高素

质、创新性人才的需求也在悄然改变教育教学的模式。创新思维在人才培养中逐步走向中心舞台，在人才培养中逐渐起到引领和支撑作用。

2. 国内外对教学创新思维在人才培养中的价值审思

国内外关注教师如何启发学生积极思考，培养学生创新型知识、能力和情感态度的想法古而有之。古希腊智者先贤便提出，教师要通过基于创新思维的教育教学来启迪思维、提出问题、引发讨论，进而创造性地培养创新人才。如苏格拉底提倡在对话教学中以"讽刺""助产""归纳""定义"等步骤开展"产婆术"式的对话教学，使得学生在认知冲突中产生知识创新的意识，在教师的启发式教学中进行积极思考，在归纳与定义教学环节进行创造性知识的获取和升华。康德、费希特、黑格尔等智者也分别阐述了教学创新思维在人才培养中对于学生探索创新性知识的哲学基础和工具手段。

近代以来，实用主义教育家杜威、"发现学习"倡导者布鲁纳等在理论和实践层面对教师创造性地开展教学、基于创新思维培养学生的创造性思维能力以及批判性思维能力的价值进行了诸多思考。杜威强调"做中学"，即教师的创造性教育教学思维对于学生"反复的、严肃的、持续不断的深思"具有重要的意义和价值。布鲁纳在"发现学习"中强调教学创新思维在学生独立思考、发展探究性思维培养中具有重要的价值，教学创新思维对于培养学生创造性思维和想象力发展具有举足轻重的作用。

中国自古便重视学生问题意识的培养，同时强调教师基于创新思维开展创造性教学活动的价值和作用。"学而不思则罔，思而不学则殆"是中国古代先贤孔子对于学生创新性思维培养的较早论述。孔子同时强调教师要以创新性思维进行启发式教学，使学生达到"每事问"，教师要创造性地进行教学——"不愤不启，不悱不发"。中国近代教育家陶行知先生也强调"发明千千万，起点是一问""人力胜天工，只在每事问"。近30年来，研究者们从教师思维训练、能力结构、课堂教学等多维度对创新思维进行了分析和探讨。

（三）创新思维在教师专业成长中的地位与价值

教师的教育教学成果是教师大脑高级思维的呈现形式，是教学创新思维成果的直接体现。在教师的专业成长中，教师的教学成果、人才培养、科研创新等都离不开创新思维的形成和发展。创新思维的训练督促教师在教育教学中不断开拓进取、突破教育教学的重难点，通过创造性的教学培养创新型人才，同时促进自身专业不断发展。联合国教科文组织在1966年首次确立了教师作为一个职业的地位，根据《中华人民共和国教师法》（2009 年修正）的规定，中小学教师享有"进行教育教学活动，开展教育教学改革和实验"的权利，因此中小学学科教师往往承担着基础教育改革与发展、通过学科教学开展人才培养、从事基础教育研究等职责。

教师作为专业性较强的职业，其教学实践性较强并具有其特殊性，即"多专业性"或"边际性"。教师在掌握所教学科及课程的专业知识的基础上，还必须掌握"如何创造性地教"的知识和能力。随着以人工智能、大数据、物联网等新一代信息技术在教育教学中的深度融合与创新应用，整个教育系统将受到巨大的冲击，教师也将由知识的传授者变为学习的指导者，这种新的教育理念对教师创新思维与创新教学行为提出了更高的要求。费斯勒把教师的职业周期放在个人环境和组织环境之中加以考察，把教师职业周期分为八个阶段。第一个阶段是职前阶段，这一阶段是教师特定角色的准备期，一般是在师范学院或大学的初始培养阶段，也包括教师担任新角色或工作时的再培训阶段。这一阶段的教师教育技术能力的发展是本研究的重点。第二个阶段是入职阶段，是教师工作的最初几年。第三个阶段是形成能力阶段。第四个阶段是热心和成长阶段。第五个阶段是职业受挫阶段。第六个阶段是稳定和停滞阶段。第七个阶段是职业滞劲期。第八个阶段是职业退出期。（如图 1-1 所示）

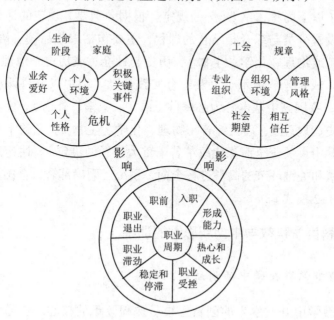

图 1-1　费斯勒（Fessler.R.）的职业周期动态模式

创新思维在教师专业成长的职前、入职、形成能力、热心和成长、职业受挫、稳定和停滞、职业滞劲以及职业退出等八个阶段均扮演了重要的角色。①在职前教师教育阶段，我国各师范院校基本开设通识教育课程、学科专业课程和教师教育课程三大类课程，在教师创新教学的唯物主义观、学科专业创新知识与能力、教师教育创新理论与技能等方面对职前教师进行培养。②在教师入职阶段，学校往往通过专业化培训以培养新入职教师在创造性教学中的相关知识和技能。教师创新思维的初步形成和在学科教学中运用创新思维对教师的职业生涯具有重要的意义。③在教师在职发展期，教师经历职前培养、入职培训后便开始其持久的教学生涯。教师的创新思维直接影响着在职发展时期教师的专业成长。在教学实践中，教师需要不断探究并解决自身与教学目的、内容、媒介以及评价等多方面的问题，需要通过创造性的教学活动取得创新性的成果，以支撑自身职业的可持续发展。

第三节　中学学科教学中创新思维的训练

我国中学现行学科分类遵循教育部 2001 年颁布的《基础教育课程改革纲要（试行）》（以下简称《纲要》）的规定。根据《纲要》规定的课程结构，我国初中阶段设置分类与综合相结合的课程，主要包括思想品德、语文、数学、外语、科学（或物理、化学、生物）、历史与社会（或历史、地理）、体育与健康、艺术（或音乐、美术）以及综合实践活动。高中以分科课程为主，自 1977 年以来，我国高中基本分为必修科（语文、数学、外语）、文科综合（思想政治、历史、地理）、理科综合（物理、化学、生物）。党的十八届三中全会通过《中共中央关于全面深化改革若干重大问题的决定》，决定对教育体制改革重点领域和关键环节的高考进行全面、系统、明确部署，全国开始全面推行新高考 3+1+2 模式。

一、文科类学科教学中创新思维的训练

（一）德育学科教学中的创新思维训练

在德育教学中开发学生的创新思维是课程改革的核心。引导中学生有效提高道德修养，需要学校加大在课程教学中开展创新思维训练实践的力度。中学德育教学中创新思维训练的方法和策略主要有：①创设问题情境，激发中学

生的问题意识；②进行思维启迪，培养中学生的创新思维；③开展德育实践活动，提高中学生的创新思维能力；④丰富德育评价机制，激活中学生创新思维的发展。

（二）语文学科教学中的创新思维训练

根据 2020 年新修订的中学语文课程标准，"语文课程是一门学习祖国语言文字运用的综合性、实践性课程"。语文课程是语言和思维的辩证统一的学科。在发展语言能力的同时，教师应该注重发展学生的思维能力和学习科学的思想方法，通过语言运用，使学生获得直觉思维、形象思维、逻辑思维、辩证思维和创造思维的发展，促进学生深刻性、敏捷性、灵活性、批判性和独创性等思维品质的提升。语文作为基础学科承担着培养创新思维的重要职责。

（三）英语学科教学中的创新思维训练

《英语课程标准》（2017 年版）（以下简称"课标"）指出，英语课程的具体目标是培养学生的学科核心素养，包括语言能力、学习能力、文化意识和思维品质。因此，中学英语学科是一门具有双重属性的语言学科。根据课标的规定，作为基础文化课程的学科，英语教育的宗旨是培养能思、能感、能够用英语进行交际的人。英语课程肩负着培养学生学科核心素养的任务，英语教育要培养能够解决世纪问题的创新型人才。英语不仅是交流的工具，也是思维的工具。英语创新教学需要教师在教学目标、资源、内容、方法、方式、手段等方面做出新的选择或进行新的尝试。中学英语学科教师要把学习英语转变为通过英语来学习，从而聚焦语言、关注内容、培养思维、创造思维，要把世界带入课堂，让课堂与生活相连，要帮助学生们更好地融入未来社会，在满足个人自我实现的同时推动社会的发展。

二、理科类学科教学中创新思维的训练

（一）数学学科教学中的创新思维训练

数学是研究数量关系和空间形式的一门科学，数学教学的重要工作就是发展和创新学生的数学抽象运算、逻辑分析等思维能力。创新与创造力是学生发展核心素养的重要指标，该指标在现行的中学数学课程标准中出现的频率高达10 次以上。如何在中小学数学课堂上培养学生的创新精神和创造能力是教学的基本要求。教师在数学教学中要创造性地培养学生的独立思考和解决数学问题

的能力，以及善于通过数学知识进行探索的创新精神。数学学科教学中的创新思维训练有以下几个方法和策略：①数学课程教学设计应注重贯彻以培养学生创新思维能力为目的的教学理念；②关注数学教学中教学对象的年龄和教育心理；③在数学建模教学中培养学生的创新思维能力。

（二）物理学科教学中的创新思维训练

物理学是自然科学领域的一门基础学科。科学思维，尤其是创新思维，是物理学科核心素养的重要方面。研究表明，采用创新思维培养模式教学，在一定程度上对培养学生的创新思维有较好的作用，有利于提高学生学习成绩、培养敢于创新和勇于质疑精神、发展学生创新人格等。在物理学科教学中，教师可以通过以下方式进行创新思维训练：①运用实验训练创新思维；②运用复习课训练创新思维；③运用习题课训练创新思维；④运用研究性学习训练创新思维。

（三）化学学科教学中的创新思维训练

中学化学课程是落实立德树人根本任务、发展素质教育、弘扬科学精神、提升学生核心素养的重要载体。化学教学要倡导真实问题情境的创设，注重开展以化学实验为主的多种探究活动，重视教学内容的结构化设计，激发学生学习化学的兴趣，促进学生学习方式的转变，培养他们的创新精神，训练他们的创新思维和创新能力。在化学学科教学中，教师可以通过以下方法和策略来训练创新思维：①通过化学史教育，激发学生的创新意识；②在教学中创造性地调动学生主动性，给学生提供创新空间；③教师通过设置灵活多变的习题来培养学生的创新思维；④教师充分发挥实验的作用，提高学生的创新能力。

（四）生物学科教学中的创新思维训练

《初中生物课程标准（2011年版）》和《普通高中生物学课程标准（2017年版）》均提出义务教育阶段和高中阶段的生物学课程是自然科学领域的学科课程，既要让学生获得基础的生物学知识，又要让学生领悟生物学家在研究过程中所持有的观点以及解决问题的思路和方法。两个课标都强调理性思维的养成以及积极的科学态度的形成。在进行生物学教育的过程中，教师可以通过多种手段，使学生通过自己的思维与方式解决生物问题，以此达到教学目的。60%左右的诺贝尔奖获得者都从科学观念、思维、方法或手段的创新中收益。在生物教学中培养学生的创新思维和创造力，需要教育工作者深刻理解创新思维的内涵，结合生物科学的内在特征，充分挖掘教材，在不同类型的课程中采取不同的策略或者方法。

【参考文献】

[1]　张敏.思维与智慧[M].北京：机械工业出版社，2003.

[2]　中华人民共和国国务院.国家中长期科学和技术发展规划纲要（2006–2020年）[EB/OL].[2020–9–2].http：//www.gov.cn/32344/32345/35889/36946/xgzc36952/document/1558921/155892/.htm.

[3]　林崇德，杨治良，黄希庭.心理学大辞典（上）[M].上海：上海教育出版社，2003.

[4]　王焕镳.墨子校释[M].杭州：浙江文艺出版社，1984.

[5]　曹国正.博弈圣经——博弈哲学思想录[M].新加坡：新加坡希望出版社，2007.

[6]　百度百科.智慧[EB/OL].[2020–9–2]https://baike.baidu.com/item/%E6%99%BA%E6%85%A7/129438?fr=aladdin.

[7]　邵琪.智慧教育史论[D].杭州：浙江大学，2019.

[8]　ERIKSON E H. Identity and life cycle[M]. New York：International University Press，1959.

[9]　汪凤炎，郑红.品德与才智一体：智慧的本质与范畴[J].南京社会科学，2015（3）：127–133.

[10]　侯炜.智慧的内隐理论研究：以大学生为例[M].北京：中国书籍出版社，2013.

[11]　乔凤合，陈立强.美国的创新教育[J].基础教育参考，2005（1）：14–17.

[12]　林崇德，胡卫平.思维型课堂教学的理论与实践[J].北京师范大学学报（社会科学版），2010（1）：29–36.

[13]　何旭明.西方关于兴趣的界定与分类研究述评[J].大学教育科学，2010（4）：49–55.

[14]　Fadel C, Trilling B. 21st Century Skills：Learning for Life in Our Times[M]. San Francisco：Jossey–Bass, 2009.

[15]　杜威.我们怎样思维·经验与教育[M].姜文闵，译.北京：人民教育出版社，2005.

[16]　姚本先.论学生问题意识的培养[J].教育研究，1995（10）：40–43.

[17]　陶行知.陶行知全集（第四卷）[M].长沙：湖南教育出版社，1985.

[18] 王长江 . 初中物理"思维型"课堂教学及其对学生创新素质的影响研究 [D].
西安：陕西师范大学，2015.

[19] 黄崴 . 教师教育专业化与教师教育课程改革 [J]. 课程·教材·教法，2020（1）：
64-67.

[20] 叶澜 . 教师角色与教师发展新探 [M]. 北京：教育科学出版社，2001.

第二章　教师创新思维中的教育技术

【引言】

当今世界需要具有创新意识、创新精神和创新能力的人才。教育要创新，民族要发展，社会要进步，这些都离不开具有创新思维、创新意识的人。为了培养学生的创新思维能力，教师在优化课堂教学的设计中，在继承传统媒体中的合理成分的基础上，要充分运用现代教育技术的成果，将各种多媒体素材科学组合，形成媒体组合的教学系统，以直观而鲜明的图像，激发和引起学生的兴趣，提高学生的学习效率，为学生的创新思维提供丰富的表象，从而促进学生对信息的接收、理解和记忆。

【本章要点】

● 技术支持的学习投入与创新思维
● 创客教育中学生创新能力的评价研究
● 教师设计思维与创新能力培养
● 面向创新思维培养的差异化教学
● STEM 教育中的创新思维培养

第一节　技术支持的学习投入与创新思维

一、学习投入

学习投入对学生来说是珍贵又有价值的。学习投入是学生置身于学习活动中的动态过程，学生在投入中理解学习材料、参与到学习活动中，通过投入搭建课堂对话和课堂互动。投入是学习的直接方式，即一旦投入发生，就会产生一定的学习结果。投入为学生提供干劲和智谋以应对学业任务的挑战，是学业进步的关键。

有效的学习投入促进深层次学习。有效的投入能够让学生更好地理解学习内容，获得高水平的学习结果。提问是学生投入课堂学习的一种表现。当学生在课堂中提问不理解的问题时，一方面可以帮助学生辨别自己不理解的问题是哪一个环节，理清问题的解决步骤；另一方面，学生获得教师及时反馈之后，可以建构自己对知识的理解。

学习投入是可塑的，投入的程度与外部环境紧密相关。一方面，投入的行为、认知、情感三个维度相互影响。例如，当学生的行为投入提高时，会引发深层次的认知投入。另一方面，教师支持、教学策略、教学设计、同伴支持影响学生的学习投入。例如，在学习过程中，良好的教学策略会促进学生主动地投入学习中，从而提高成绩。

二、技术支持的学习投入对创造性思维的影响

学习投入的质量同时依赖于教师和学生的贡献。学生是学习投入的承载体，教师是发起活动促进学习投入的关键要素。教师在促进学生学习投入的过程中具有重要的作用，但是教师本人却不能产生学生的学习投入。教学对话质量是学习投入的一个指标。教师通过教学行为、教学对话、教学活动帮助学生逐渐理解深层次的概念，从而培养学生的高阶思维能力。学生使用浅层策略或深层策略取决于教师的教学方式。在课堂教学过程中，教师交叉使用不同的策略，例如，讲授、提问、讨论，能够促进学生主动学习和投入。教师给予学生积极响应、自由和选择的机会，有助于使学生产生高质量的学习投入。

根据 Ausubel 的认知理论，学生学习新的知识和技能要依赖于已知的内容，

要通过激发自身已有的知识，消除不相关的知识和错误的知识。提问是教师最经常用的方法，即促使学生回忆和使用他们已经知道的内容。

有效的提问和提问的内容是关键。教师的提问影响学生的认知投入程度，有效的提问促进认知投入。教师提问的问题有四种类型：①认知记忆问题；②具有指向性、定向思维的问题；③发散思维的问题；④评估性问题。Chin 对比了传统教学和建构主义教学的教学提问，其区别在于以下几点。①提问的目的是评价学生还是鼓励学生思考。②提问顺序的结构：一种是教师发起—学生回应—教师评价（IRE），另一种是教师发起—学生反应—教师反馈（IRF），后者是一种良性的、有益学生深入理解问题的方式。③问题的层次：问题所对应的答案是属于低层次、封闭式的短答案，还是开放的、高层次的长答案。低层次问题是要求学生回答记住的名称、定义，回忆简单的观察，回答是 / 否的问题、给出简单的例子。高层次问题是要求学生回答复杂的问题，例如，解释、对比、预测、评价、反思、给出解决问题的建议。

学习者需要指导、支持、练习和反馈。教师提供的鹰架和清晰的反馈，会提高学生数学的高层次思维。当在一节课程中融入了多个目标（goals）、提供了大量的鹰架，教师在监控学习过程中根据学生不断变化的需要提供支持，会使学生对课堂感兴趣，让学生有较多的投入。当教师给予学生更高的期望，提供了良好结构的课程和活动会促进学生进行自我调节。

教师在课堂上调整整个课堂，就要强调课程的关键点、解释答案、指出错误的原因、为学生提供指导，从而改善学生的学习进展。给学生及时的、经常的、有目的、有建设性的反馈有助于学生提高投入。无论表扬正确的答案，还是纠正错误的答案，都是教师评价学生的答案，会让回答错误的学生明白自己的错误，这样可能会影响一部分学生的投入。教师的反馈不是评价，不是判断答案的对错，而是接受学生的贡献。如果教师不立刻判断，而是让学生来评价，则会让学生有更深入的理解。因为学生在进行评价时，不仅仅是模仿，而是要在掌握概念和应用的基础之上才能做出评价。

虽然教师通过教学设计和教学策略来促进学生投入，但是学生是投入的主体。学生的认知技能和学习技能是不断积累的。因此，为了让学生能够实现有效的投入，教师应该在连接教学和学生的活动中，为认知投入提供干预，教授学生学会应用认知策略和元认知策略。教师提供的认知和元认知方面的激励会对学生有帮助。

教师教授学生使用认知和元认知策略，即在教学中融入自我监控的程序、支持学生的自我管理技能、建立一致的课堂规则和结构、让学生设定自己的学习目标、完成家庭作业，从而有效地促进学生的学习。其中，一致的课堂规则和结构，不需要教师在每次上课时都介绍，既节省了课堂时间，同时也让学生知道下一步应该做什么。自我管理是在学习过程中学生自我导向的学习行为，增加了学生的自主性。课堂中有效的管理，例如，积极的策略、最大化的学习时间、有效地使用技术，可以鼓励学生主动投入。

同伴为学生提供学业支持，例如，进一步说明教师的指示、提供信息、比较学习任务，能够提高学生的动机和投入。同伴互动有助于课堂知识的建构，虽然不能像教师一样提供有结构的知识点，但是可以提供连接上下节点的支持。同伴的互动（例如，解释教师的教学、分享数据）能帮助学生补充知识结构，但是也取决于教师是否提供相应的支持。在同伴互动过程中，学生能够练习交流技能、给予和接受反馈、解释困惑、提供帮助、分享学习目标和行为标准。

第二节 创客教育中学生创新能力的评价研究

一、研究背景

基于技术发展日新月异的现实和创造性人才培养的需求，以学生创新意识与创造思维培养为导向的创客教育得到了广泛应用。教育部在《关于加强和改进中小学实验教学的意见》中提出要着力提升学生的观察能力、动手实践能力、创造性思维能力和团队合作能力，培育学生的兴趣爱好、创新精神、科学素养和意志品质。教育部在《教育信息化 2.0 行动计划》中也提出要加快建设创新实验室、创客空间等智能学习空间，完善实验教学与创客教育的教学体系，推动新技术支持下教育的模式变革。由此可见，创客教育作为信息技术与教育教学相融合的一种新型教育模式，能够为培养创新型人才提供支撑。在基础教育领域，中小学将创客教育引入课程体系，通过基于项目的学习让学生将兴趣化为现实，科学造物，鼓励分享，以提高学生的问题解决能力和协作能力。但是在评价的过程中，教师往往只对学生的最终产品进行评价，忽略了对学生创新能力的评价，导致学生在创客教学活动中向"示范品"模仿与倾斜，同时由于课堂时间不足，使得学生的思考与交流时间变少、创新能力受限。因此，为了提高学生的创新意识、打破固有的思维定式，教师亟须重构创客教育课堂，建立以学生创新能力评价为核心的创客教育评价体系，提高学生利用工具创造产品以解决实际问题的能力。

二、基于 CAT 的创客教育作品评价

同感评估技术（Consensus Assessment Technique），是 Amabile 于 1982 年提出的评价创造力的一种方法，其评价的主要依据是评价者对创造力的内隐标准，即某个领域内专家们对于一个作品评价的一致性。R.J.Sternberg 在 20 世纪 80 年代提出，无论是专家还是外行，人们对创造力是有共识的，即人们具有共同的内在评价标准，他称之为创造力的内隐理论。同感评估技术正是以创造力内隐理论为基础，让评价者根据自己的理解，对产品或反应的创造性做出独立的评价。在评价的过程中，评价者必须熟悉评价的领域，在浏览过所有需要评价的作品之后，再根据作品的相对水平对创造性高低做出评价，整个过程以随机顺序进行。

CAT 技术适合评价具有新颖性和开放性的作品，不需要明确的标准答案，能够用于评价与问题解决等有关的作品，从而进行创造性的测量，这与创客作品的评价要求不谋而合。因此，CAT 技术能够支持评价学生在创客制作过程中的创造力表现。

根据创造力内隐理论，本研究假设每个学生都是评价者，能够对创客产品的功能、特征做出评价，找出产品的不足之处，并以此为出发点，提出改造产品的思路，以目标为导向，开展基于项目的学习。因此，本研究设计了以"创设情境，展示成品—创意交流，开展评价—方案重构，协作探究—作品展示，二次评价"为主线的教学流程，结合两轮评价开展基于问题的探究学习，从功能角度出发，让每个学生都成为"产品经理"。

（一）坚持以问题解决为核心

创客教学往往采取基于项目的学习方式。在教学的过程中问题解决是引导学生从方案设计到项目完成制作的关键。教师需要引导学生分解目标，规划解决方案，明确问题解决的过程，设置与学生认知过程冲突的"问题"，为学生的创造力思维培养奠定基础。

（二）展示成品重构制作思路

为了激发学生的创造思维，教师从成品出发，建立目标导向，设计学前评价环节，帮助学生建立完善作品的思路，鼓励学生从不同角度出发设计改造方

案，制定解决步骤。在这个过程中，教师需要为学生的改造方案提供工具支持，分阶段地细化任务，引导学生主动发现问题、分析问题，形成解决问题的思路。

（三）分工协作完善设计方案

在探究阶段，为了帮助学生完成方案的再造设计，教师可以提供跨学科的方法和工具，鼓励学生积极试错，并将试错结果分享给其他学生，不断修正学生的观点，引发更深入的思考，促进学生辩证思维的培养。

（四）两轮评价助力创造思维培养

一轮评价完成后，教师组织学生进行产品交流，总结产品的不足之处，引导学生从产品功能改善的角度出发，重新设计改造思路，开展探究活动。在功能展示的过程中，教师组织第二次评价，培养学生的创造思维与创新精神。

在探究实践的过程中，为了培养学生的创造力，教师不限制作品的类别，鼓励学生积极参与制作航天器、小车、轮船、手枪等，并提供工具支持组装。教师先向学生展示了各种动力装置，邀请学生进行示范，组织第一轮评价活动，再为学生创设探究情景，鼓励学生进行创意交流，引导学生提出不同的改造方案。最后，教师组织学生进行展示，开展第二次评价，并设置"最优展示""最佳创意""最强装置"等多个奖项，提高学生的积极性，从多个方面启发学生的创新思维。

第三节　教师设计思维与创新能力培养

一、设计思维内涵

设计思维尚未形成统一的概念。在商业领域，Beckman 将设计思维分为四个阶段：观察分析、建立框架、构建方案以及问题解决。Lawson 认为设计思维过程包含五种活动：组织思路、动手制作、展示分享、评估评价以及反思。在教育领域，Doorley 则将设计思维划分为五个环节：建立同理心（Empathize）、界定问题（Define）、设想（Ideate）、原型制作（Prototype）以及测试（Test）。为推动设计思维在 K-12 领域应用，IDEO 提出了包含"发现、解释、设想、实验、改进"的设计思维模型。分析发现，设计思维是创造性解决问题的过程，包括发现问题、观察分析、可视化/意义建构、设想、原型制作和测试以及可行性测试。这是一个迭代的过程，设计者深入实践了解真实的需求，确定需要解决的核心问题，以此为出发点建构可行的解决方案，制作三维模型并通过实验不断改进和完善。

（一）斯坦福设计思维模型

斯坦福大学设计学院在《设计思维指南》（*An Introduction to Design Thinking Process Guide*）中对设计思维模型进行了详细的阐述，包括：移情化思考、定义、设想、原型制作以及测试五个步骤。在 K-12 领域应用过程中，设计思维模型逐步扩展为六个步骤，如图 2-1 所示。第一是理解挑战（Understand）。学生沉浸于学习挑战之中，通过与专家交流、运用多媒体工具获取相关信息、进行探究，形成关于设计挑战的基本背景知识，并设身处地地思考他人面对挑战问题时的感受，以此作为进一步明确设计挑战的跳板。第二是观察（Observe）。学习者进入设计挑战所处的真实环境中进行参观、互动与反思，形成基于该情境下的同理心（Empathy），为解决设计挑战打下基础。第三步整合观点（Point of View）。在理解和观察的基础上，学习者对所获取的信息等进行整合（Synthesise）。第四步是设想（Ideation）。学生通过头脑风暴发表自己的观点、评价他人的观点，其重点是形成应对挑战的可能方案。第五步是原型制作（Prototyping）。依据解决方案，学生通过原型制作将观点、想法可视化，制作出三维的实物原型。原型不必非常精确，其核心在于体现设计的思路以及对学习挑战的解决方案。第六步是测试（Testing）。测试目的在于明确观点、原型的优势与不足，并不断地迭代改进。

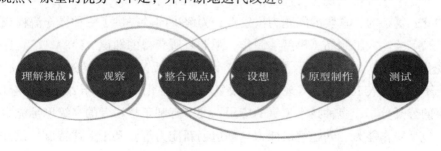

图 2-1　斯坦福设计思维模型

（二）IDEO 设计思维模型

全球顶尖设计公司 IDEO 在《教育者的设计思维》（*Design Thinking for Educators*）一书中描述了 IDEO 设计思维模型，如图 2-2 所示。IDEO 设计思维

23

模型，旨在实现教与学向学习为中心和个性化方向发展，为学生创造一种21世纪学习经历（21st century Learning experience），并不断提升学生21世纪技能。

IDEO模型包含五个阶段，第一阶段是发现（Discovery）。发现是通过一定的技术手段和方法深入了解所面对的学习挑战。发现阶段通常包括三步：理解挑战、探索准备以及收集想法。第二阶段是解释（Interpretation），即将所收集的信息建构为自己解决挑战的知识或方向，包括故事分享、意义寻找以及框架设计。第三阶段是观点设想（Ideation）。依据对挑战相关信息的解释，学习者采用快速想象的方法，收集新奇的观点和想法，为应对挑战提供可能的解决方案。步骤包括观点收集、观点优化两个方面。第四阶段是实验（Experimentation）。在确定了问题解决方案后，如何实践方案是本阶段所需要思考的问题，其中包括制作原型以及获取反馈。第五阶段是改进（Evolution）。改进是基于前四个阶段学习的信息，在此基础上不断地完善每一学习阶段。

1 发现	**2** 解释	**3** 设想	**4** 实验	**5** 改进
我面临一个挑战 我该如何了解它？	我了解了相关信息 我该如何解释它？	我找到了解决机会 我该如何做？	我有了解决方法 我该如何实现？	我尝试了新的东西 我该如何改进？
步骤 1-1 理解挑战 1-2 探索准备 1-3 收集想法	2-1 故事分享 2-2 意义寻找 2-3 框架设计	3-1 观点收集 3-2 观点优化	4-1 制作原型 4-2 获取反馈	5-1 反思学习 5-2 继续前进

图2-2　IDEO设计思维模型

通过上述分析发现，设计思维模型具有以下特点：（1）以解决真实情境中劣构的、复杂的、真实的问题为出发点，为解决问题提供了一种操作流程或方法；（2）关注人工制品（模型）制作，强调将所获得的知识、经验、信息通过可视化（实物）的形式展示出来；（3）设计过程反复迭代，通过多次的反馈、修正不断完善人工制品，实现知识的反复应用和强化；（4）倡导小组间的合作、多次的公开分享、多种技术工具的应用；（5）有利于学习者的高级思维能力发展，包括协作能力、问题解决能力、创造创新能力等。基于上述特点，设计思维在教育领域得到广泛应用。

二、设计思维在教育教学中的应用

（一）设计思维创新学习空间

变革传统学习空间，增加学生日益多样的学习方式对学习空间环境的需求，从而帮助个体和群体找到更适合自身的学习方式正成为学习空间转变的重要方向。传统讲座式的学习空间显然已不能有效支撑当前多样化的学习方式，重新设计学习空间成为一种必然。运用设计思维重新设计学习空间在全世界范围内得到广泛应用，主要包括三类学习空间：（1）个性化的学习空间，能支持不同学习需求和认知特点的学习者进行自定步调、自定进度、自主选择式的学习；（2）互动学习空间，强调思维、观点碰撞和交流，使学习者在学习空间中可以开展讨论、辩论、合作、竞赛等形式的学习；（3）实践学习空间，侧重动手开发与制作能力发展，使学生借助实践学习空间工具、材料、软件等，将问题解决方案、想法实物化，实现在做中学的目的。

（二）设计思维创新课堂教学

设计思维在推动课堂教学方面同样大有可为。应用设计思维能够实现从内容学习到基于学习挑战的导向式学习的转变。传统单一学科、固定学段的知识学习已经不能满足当前学习者应对复杂问题所需知识与技能的需求，应用设计思维破除学科、学段之间的界限，通过设计复杂的设计挑战实现跨学科、跨学段知识有效融合，能够让学习者在解决学习挑战的过程中建构自身对知识的理解。在课程形式方面，设计思维强调让挑战者深入问题所在的情境，与情境中的人、环境、物进行深入的互动，形成该情境下的"同理心"，进而解决问题挑战。因而，在课程形式方面，改变传统课程学习形式脱离真实情境的"讲座式"学习，取之以深入情境的互动式学习是十分必要的。在学习活动方面，设计是实现设计思维的重要活动，是一种创造性的、迭代的、以实物为导向的实践活动。在教学中以设计为驱动，将有助于促进学习者深入理解所学知识，将知识与实践应用建立有效的联系，实现问题解决能力、创造性思维的发展。

（三）设计思维创新学校教育

从学校层面来看，设计思维有助于改变当前的学校教育。第一，创新人才培养。设计思维具有"以人为本"的特点，强调应用深度"移情"觉察人的需求和动机。在学校教育方面，学校要应用设计思维从学生的层面进行"移情"思考，关注学生的学习需求，理解不同学习者的差异，认识不同学生的认知特点，并依据这一思考为学习者提供具有针对性的引导和教育，促进学生个性化的发展，培养面向 21 世纪的人才。第二，设计思维具有协同特性，关注整合系统中的各个要素，共同解决所面临的问题。教育涉及社会、家庭、学校、教师、学生等多个方面。运用设计思维将上述各要素进行有效整合、协调，发挥各自在教育中的功能，将有助于推进学校教育发展。第三，助力问题解决。设计思维从实践中来，到实践中去，强调运用科学的方法发现教育中存在的问题，并通过发现、设想、建模、实验等一系列的程序，创造性地解决学校教育中存在的问题。

第四节　面向创新思维培养的差异化教学

一、差异化教学缘起

在人类历史长河中，差异化教学的美好设想最早可以回溯到孔子的教学思想。孔子提出因材施教、有教无类的教学思想，把差异化的教学作为目标和理想。但是长期以来，在传统的课堂教学中，由于客观条件的限制，绝大多数教师的教学往往都是针对班级中大多数学生的。因此，差异化教学只是理想和目标，往往难以实现，至少是难以实现真正的差异化教学。社会倡导和渴望差异化教学，其目的、诉求与期望，是为了让每一位孩子都能得到发展。苏联维列鲁学派的维果斯基所提出的最近发展区（Zone of Proximal Development）让差异化教学有了心理学基础。让每一位学生在其最近发展区内学习，才能够更好地促进学生的全面发展。

二、创新思维与差异化教学

"创造"（Create）的概念早在前基督期旧约全书的圣经故事中就已出现，自此有了人类工匠遵从上帝意愿在世上造物的理念。这是人们意识到的创造力存在的起点，但同时也让这一概念在发展初期就被赋予了超自然神秘主义的色彩，成为后续研究的障碍。直到19世纪中期，哲学家高尔顿才将这一障碍成功破除。高尔顿所理解的创造力更多的是出于遗传的角度，即创造来源于潜能和天赋，这成为后续创造性人格研究发展的前奏，也突显了创造性思维的先天属性。后续有关创新思维的理论研究表明创新思维并不是一种简单的天赋，而是可以通过后天培养的思维方式。创新思维有着较长的研究和发展历史，目前已形成了多种流派（如吉尔福特和托兰斯的心理测量流派、斯滕伯格的创造性投资流派、弗洛伊德的精神分析流派、索耶的认知神经科学流派、阿玛贝尔的情境流派等），也积累了一些训练与培养的方法（如六项思考帽、头脑风暴、强制联想、思维导图等）。

通过上述的调研我们不难发现，目前已经有大量的研究证明创新思维存在着个体差异，但是笔者发现这些研究大多数集中在心理学领域，是对人类创新思维存在的个体差异状况进行研究讨论。从创新思维培养的角度来看，教育学领域中差异化教学关注的个体差异重点在学术历史（Academic History）、步调（pace）、水平（level）和学习兴趣等，研究者对创新思维培养过程中的创新思维个体差异关注极少。根据创新思维定义来看，创造性思维是一种可产生出新颖、独特、有社会意义或个人价值的产品的智力品质。不难看出，创新思维正是学生灵感闪现时最独特的一朵火花，因此，尊重学习者每一个独特的个体差异以及想法，恰恰是培养创新思维的最基本要求。

目前已经有大量实证研究证实学习者在创新思维方面存在差异，学者白学军、姚海娟的研究通过 Stroop 颜色命名任务和 Stroop 字义－颜色命名转换任务对创造性思维的适应性认知抑制假说进行验证，研究结果表明高创者比低创者的认知抑制能力更高。从青少年的科学创造力出发，学者胡卫平、林崇德对中英青少年进行了对比研究，结果表明：中英青少年的科学创造力存在差异。英国青少年的科学创造力存在明显的性别差异，从创造力的各成分来看，男女生具有不一样的特点。学者沃建中、王福兴等人的研究对 990 名学业成就不同的中学生的创造性思维进行研究，研究结果表明高学业成就组中学生的创造性思维、发散性思维和聚合思维显著高于低学业成就组。

在前人的研究基础之上笔者认为，面向创新思维培养的差异化教学活动应当在差异化教学活动基础之上增加考虑学习者在创新思维层面上的个体差异，例如学生的创新人格差异。学者威廉斯从创新人格倾向开发了一个测试，该测试包含好奇心、想象力、挑战性和冒险性四个维度。在面向创新思维培养的差异化教学活动设计中，教师可以参考该测试的测试结果，对学习者的好奇心、想象力、挑战性和冒险性四个维度进行差异化分组；学习小组应该遵循组间同质、组内异质的分组标准；小组内的学习者应当按照上述四个维度和创新思维人格倾向差异进行角色分配，承担不同角色任务，各有侧重地协作完成小组任务。面向创新思维培养的差异化教学活动设计与普通教学活动设计还有一个比较大的区别就是迭代，创新思维培养活动应该是可迭代的。由于创新思维产物是需要在迭代中不断更新的，学习者在这个过程中可以承担、模仿和学习不同角色的特点，改进思维路径，完善与培养思维。

第五节　STEM 教育中的创新思维培养

一、STEM 教育中创新思维培养的核心

（一）创新思维的核心要素

创新思维由发散思维、逻辑思维、形象思维、直觉思维、辩证思维、横纵思维六个要素组成。发散思维的培养要点是同中求异、正向求反、多向辐射；逻辑思维的培养要点是重视分析综合、抽象概括、判断推理能力的培养；形象思维的培养要点是仔细观察、积极表象、启发联想、大胆想象，厘清联想和想象之间、再造想象和创造想象之间的联系与区别；辩证思维培养的要点是重视调查研究、实事求是、对立统一观点的养成，关注"二分法"在日常生活中、学习中、工作上的运用；直觉思维的培养要点是总揽全局、鼓励猜测、紧抓事物之间的关系；横纵思维与科学发现、技术发明有更直接的关系，是为高难度复杂问题的解决直接提供心理加工策略，如促进灵感或顿悟的形成，此思维属于高阶思维，在中小学生创新思维训练中不做探讨。

（二）STEM 教育中创新思维培养的途径

在 STEM 教育活动的设计和实施过程中要融入创新思维培养的要素，设计促进学生创新思维发展的活动。

发散思维的培养可以通过设计开放性的探究主题或者问题，通过实际的情景，围绕真实的、有意义的问题，引导学生思考和探讨，鼓励学生发散思考，让学生在实践中大胆尝试、大胆试错。学生可以采用自我思考、头脑风暴、查阅资料、访谈等形式寻找答案，在探究中发现更多的问题，同时找到解决方法。逻辑思维的培养可以设计一些逻辑推理活动，让学生在迭代推理的过程中构建知识、发现规律，或者为学生提供"脚手架"，让学生设计一套完整的实施方案，通过学生设计的方案考察学生的逻辑思维、逻辑能力。形象思维的培养可以在具体教学活动中，由教师引导学生仔细观察、大胆想象，激发学生的创新意识，充分给予学生研讨、设计、工程实践、再设计、交流与展示等活动空间，通过故事性、微型电影等情景激发学生学习的想象力，让学生发挥主体意识和能力。辩证思维的培养可以在活动中引导学生用"二分法"进行思考。

直觉思维的培养可以让学生设计一个完整的，且需要从宏观上进行综合考虑的任务，也可遵循"引入—探究—解释—拓展—评估"的5E教学模式，让学生在试错、纠错的过程中不断发现问题、解决问题，从而达成在发现问题和解决问题之间的深入探究。

二、STEM教育中创新思维评价

（一）STEM教育中创新思维评价方式

教师在STEM教育活动中应该采用过程性评价和终结性评价相结合的方式对学生的创新思维进行评价，且创新思维的评价需贯穿在STEM教育的整个过程。教师在STEM教育实施前可以对学生初始的创新思维水平进行初步的诊断评价，了解学生的起点水平，并为学习活动的设计提供参考。在STEM教育实施过程中，教师要制作创新思维测量量表，借助量表对学生在探究过程中显现出来的创新思维进行测评，并以测评结果为依托，改进STEM教育活动。在实施过程中，教师应该注重对学生学习过程性资料和形成的阶段性成果进行收集，如创作的作品，制作的汇报文档、海报等，也要注重对学生探究过程的观察与记录，且在STEM教育活动结束后要为学生提供一个终结性评价结果，为学生开展下一段的学习提供参考和导向。

（二）STEM教育中创新思维评价内容

有学者认为思维的创造性应包含：①新颖、独特且有意义的思维活动。②思维加想象。③在智力创造性或创造性思维中，新形象和新假设的产生带有灵感。④分析思维和直觉思维的统一。⑤发散思维与辐合思维的统一，一题一解和一题多解相结合。

因此，在STEM教育中创新思维的测量可从独特性、灵活性、深刻性等方面进行评价。创新思维的独特性的评价，即评价是否"人无我有"，可以对学生在STEM教育中形成的发现、解决问题的方法、创作的作品等进行评价，评价其在思考的维度、形成的成果等方面是否具备独特性。创新思维的灵活性可以评价学生在STEM教育活动中是否能够做到一题多解，灵活变通。创新思维的深刻性可以评价学生的学习过程和产出是否能够做到言之有物，言必有理。

【参考文献】

[1] 中华人民共和国教育部. 教育部关于加强和改进中小学实验教学的意见 [EB/OL].[2019-11-22]. http：//www.moe.gov.cn/srcsite/A06/s3321/201911/t20191128_409958.html.

[2] 中华人民共和国教育部. 教育部关于印发《教育信息化 2.0 行动计划》的通知 [EB/OL].[2018-04-18]. http：//www.moe.gov.cn/srcsite/A16/s3342/201804/t20180425_334188.htmlA16/s3342/201606/t20160622_269367.html.

[3] Amabile T M. Creativity in context： Update to "the social psychology of creativity". [M] Boulder, CO： Westview Press, 1996.

[4] Runco M A, Bahleda M D. Implicit theories of artistic,scientific, and everyday creativity[J]. Journal of creative behavior, 2011，20(2)：93-98.

[5] 宋晓辉, 施建农. 创造力测量手段—同感评估技术 (CAT) 简介 [J]. 心理科学进展，2005（6）：37-42.

[6] Beckman S L, Barry M. Innovation as a Learning Process： Embedding Design Thinking[J]. California Management Review, 2007, 50(1)：25-56.

[7] Lawson B. How Designers Think: The Design Process Demystified[M], 2006, London: Architectural Press, 2005.

[8] Glen R, Suciu C, Baughn C C, et al. Teaching design thinking in business schools[J]. International Journal of Management Education, 2015，13(2)：182-192.

[9] Seidel V P, Fixson S K. Adopting Design Thinking in Novice Multidisciplinary Teams： The Application and Limits of Design Methods and Reflexive Practices[J]. Journal of Product Innovation Management，2013，30：19-33.

[10] Carroll M, Goldman S, Britos L, et al. Destination, Imagination and the Fires Within： Design Thinking in a Middle School Classroom[J]. International Journal of Art & Design Education, 2010, 29(1)：37-53.

[11] 詹泽慧, 梅虎, 麦子号，等. 创造性思维与创新思维：内涵辨析、联动与展望 [J]. 现代远程教育研究，2019（02）：40-49，66.

[12] 林崇德. 创造性心理学 [M]. 北京：北京师范大学出版社，2018.

[13] 白学军, 姚海娟. 高低创造性思维水平者的认知抑制能力：行为和生理的证据 [J]. 心理学报，2018(11)：1197-1211.

[14] 胡卫平，Philip Adey，申继亮，等. 中英青少年科学创造力发展的比较 (英文)[J]. 心理学报，2004(06)：718-731.

[15] 沃建中,王福兴,林崇德,等.不同学业成就中学生创造性思维的差异研究[J].心理发展与教育，2007(02)：29–35.

[16] 何克抗.论创客教育与创新教育[J].教育研究，2016(4)：12–40.

[17] 林崇德.林崇德：核心素养时代，培养创造性的突破口在哪里？[EB/OL].https：//mp.weixin.qq.com/s/lIXCi2N1nf8k97157TKR4A.2020–11–12.

第三章　教师创新思维中的认知与脑科学

【引言】

2014 年 6 月 8 日至 12 日，中国科学院自动化研究所脑网络组研究中心在德国汉堡举办的第二十届国际脑图谱大会上，推出了首版"脑网络组图谱"，此图谱是由脑网络组研究中心蒋田仔团队联合国内外其他团队绘制而成的，包括 246 个精细脑区亚区，以及脑区亚区间的多模态连接模式，第一次建立了宏观尺度上的活体全脑连接图谱。脑图谱可以明确脑功能基本单元的划分及其连接模式，从多尺度揭示脑信息处理机制，为全面理解人类大脑、揭示人脑和智力的本质，以及新型智能信息处理系统的设计提供启示，是脑科学、认知科学、认知心理学等相关学科取得突破的关键。

【本章要点】

● 创造力的认知神经科学基础
● 创造性人格特点与个性
● 教师创造性教学行为与创新课堂氛围的构建
● 教师创新思维中的认知与情绪调控

第一节 创造力的认知神经科学基础

创造力研究对于社会进步和个人发展均具有重要意义，逐渐成为心理学研究中的一个重要领域。随着认知神经科学的兴起，研究者开展了丰富的创造力研究，深化了人们对创造力的理解，但依然面临挑战。

早在古希腊时期，人们就开始对"天才"现象进行关注，但比较公认的对创造力的科学化研究，则是从 1950 年美国心理学主席 Guilford 的就职演说开始。此后，研究者通过心理测量法、行为实验法、传记法和跨文化比较研究方法对创造力有了基本认识。直到 20 世纪 70 年代后期，对创造力的研究才出现新的突破，其中最引人注目的是认知神经科学关于创造力的研究。Miller 和 Gazzaniga 首先提出认知神经科学的学科概念，并推动整个学科主要利用功能性核磁共振（fMRI）、正电子发射断层扫描（PET）和事件相关电位（ERP）等心理物理学及脑成像技术对心理过程进行研究，通过揭示心理过程的大脑机制，来验证、修改和发展已有的理论和模型，对创造力的本质及其分类进行了深入分析。

一、关于创造力个体差异的研究

1985 年，Diamond 及其同事对爱因斯坦大脑的左右布罗德曼第 9 区和布罗德曼第 39 区进行了研究。这一研究推动了认知神经科学研究者从大脑结构、大脑皮层唤醒水平和神经效能三个方面做了积极的探索。

（一）大脑结构与创造力个体差异

随着现代认知神经科学技术的发展，研究者可以对正常被试大脑结构进行非侵入性的精确测量，使探索大脑结构与创造力关系的研究成为可能。

2009 年，美国新墨西哥大学的研究者 Jung 及同事利用核磁共振技术，在世界上第一次对大脑皮层灰质厚度与创造力成绩之间的关系进行了研究。结果显示，左额叶、舌回、楔叶、角回、顶下小叶和梭状回等脑区的皮层厚度与创造力成绩之间呈负性相关。Shaw 与其同事对不同智力水平被试者的大脑皮层厚度的变化轨迹进行了追踪考察（7-19 岁）。研究表明三种层次智力水平的被试者（智力超群组、高智商组和一般智商组）在青少年后期，大脑皮层厚度都开始变薄，其中智力超群组皮层厚度变薄的速率更快。Durston 等研究者认为，这种皮层厚度的变薄伴随着大脑可塑性的下降和活动效能的增加，可能反映了技能获得过程中更聚焦的功能激活。这些研究发现说明，包括创造能力在内的认知能力的发展可能与大脑部分脑区的皮层厚度变化有关。

多数创造力活动是大脑左右半球共同参与的结果 Chavez 等研究者利用核磁共振弥散张量成像技术对 51 名正常被试的胼胝体与创造力得分之间的关系进行了分析。结果显示，胼胝体前部中间体的体积与平均弥散率能够预测创造力得分。这个结果说明，胼胝体本身结构可能对大脑左右半球信息的传递效率产生影响，进而影响创造力活动的进行。

（二）大脑皮层唤醒水平与创造力个体差异

唤醒是指从睡眠状态到警觉水平较高的清醒状态，再到情绪紧张状态的一个连续过程。赫尔通过动物实验发现，唤醒的增加可以使联想层次的陡峭性增大，而唤醒的下降则可以使陡峭性变平缓。有研究者认为，与创造力贫乏的人相比，富有创造性的人在联想层次的陡峭性上更平缓，唤醒水平影响创造力的进行。

Martindale 利用 EEG 技术记录了被试完成操作转换测验、远距联想测验和智力测验时的 a 波，把 a 波的变化作为大脑皮层唤醒水平变化的一个指标。当 a 波活动增多时，表明大脑皮层激活水平在降低。这个理论认为当个体处在低皮层唤醒状态时，新颖的、独创性的想法更容易产生，因为当人处在低皮层唤醒状态时，初级认知加工、注意力散焦和扁平的联性层级更易发生。后继研究证实了低唤醒理论，即创造性想法产生时伴随着 a 波活动的显著增强，并表现出 a 波活动同步性的增高。

（三）神经效能与创造力个体差异

Haier 在考察人类智力活动的大脑机制时发现，智力任务的成绩与几个脑区的葡萄糖代谢率呈显著的负相关，即高智力的个体，大脑葡萄糖代谢水平较低，由此他提出了神经效能假说。神经效能假说认为，与智力水平较低的个体相比，智力水平高的个体完成相同任务时，使用的神经网络或者神经细胞更少，因此消耗的葡萄糖更少，表现出更高的神经效能。

Carlsson 利用 PET 技术发现，被试者在客体用途任务上的成绩（一种测查创造力的任务）与额区上部的激活水平存在负相关，证明了神经效能现象的存在。而 Jung 在一项考察脑内化学物质与创造力成绩之间关系的研究中也发现了神经效能现象。他使用磁共振波谱技术对神经代谢物N-乙酰天门冬氨酸（简称NAA）进行了观测，发现头皮前部双侧脑区灰质中的NAA量能够预测创造力得分，对于高智商被试来说，可以更高效地控制皮层资源向创造性思想的产生加工分配，因此表现出NAA量与创造力分数之间的正相关。

二、基于认知神经科学研究的创造力分类

早在19世纪初，研究者就已开始尝试对创造力进行分类。由Helmholtz在1826年提出，后经Wallas发展的创造力过程分为准备（preparation）、酝酿（incubation）、明朗（illumination）和验证（verification）四个阶段。Guilford则把创造力思维分为发散思维和聚合思维，并认为发散思维是创造力的核心成分。

基于认知神经科学关于注意、工作记忆和长时记忆取得的最新成果，Dietrich对创造力进行了分类，其基本假设是：创造性思维是一般心理加工的结果，创造性信息的整合与非创造性信息的整合共享相同的神经环路。在Dietrich的创造力分类中，包括两个维度，一个维度是自然产生或深思熟虑。他认为，与直觉式思维和分析式思维一样，创造性想法可以产生于两种不同的加工模式：当前额叶皮层中的神经环路为创造进行周密计划性的搜索时，这时进行的思维将倾向于结构化、理性化，遵守当前的价值与信念系统；而当注意系统并不积极选择意识中的内容，允许更为随意、未经过滤的奇异想法存在时，自然产生式创造就得以发生。Dietrich分类中的另外一个维度是情绪或认知，即新奇的产品是产生于负责情绪的脑区结构还是产生于负责认知加工的脑区结构，其认知神经科学依据是情绪加工激活脑区与认知加工激活脑区存在分离。根据这两个维度，Dietrich把创造力分成了四类：（1）深思熟虑—认知式创造力；（2）深思熟虑—情绪式创造力；（3）自然产生—认知式创造力；（4）自然产生—情绪式创造力。

Dietich基于认知神经科学研究的分类，能对当前创造力领域的很多争论做出更合理的解释，也得到了创造力脑机制研究的支持，但研究者仍需要开展更多的认知神经科学研究来进行验证。

第二节 创造性人格特点与个性

创造性人格（Creative Personality），也称为创造人格、创造型人格。它是美国心理学家 Guilford 提出和使用的一个概念。它是指主体在后天学习活动中逐步养成，在创造活动中表现和发展起来，对促进人的成才和促进创造成果的产生起导向和决定作用的优良的理想、信念、意志、情感、情绪、道德等非智力素质的总和。

一、创造性人格的特点

（一）整体性和层次性

创造性人格是一个统一的整体结构，是具有创造性的人的整个心理面貌，其中的各个部分及其组织要素相互作用，组成一个不可分割的整体，从而对创造活动发挥整体性的推动和保证作用。创造性人格同时也具有层次性。首先，创造性人格的各种组成要素在每个人身上的表现具有程度上的差异；其次，每个人的创造性人格要素在具体的创造活动中发挥的作用有大有小；最后，创造性人格作为一个融化结构具有个体差异性，即人与人之间的创造性人格在总体水平上是有区别的。

（二）生物性和社会性

创造性人格受生物因素和社会因素的双重影响与制约。生物因素只为创造性人格的形成与发展提供可能性，而社会因素才会使这种可能性转化为现实性。如果脱离了人类正常的社会生活环境，人的正常心理就无法形成和发展，创造性人格也就失去了培育的条件。社会生活条件对创造性人格的形成和发展起决定性作用。

（三）稳定性和可塑性

创造性人格是在人的创造活动中经常表现出来的、较稳定的心理倾向性、心理特征和自我意识的总和，而不是偶然的、暂时性的表现。不过，创造性人格的稳定性是相对的，创造性人格还具有可塑性，并不是一成不变的。创造性人格是在主体与客观环境相互作用的过程中形成和发展起来的，与此同时，又会在主体与客观环境相互作用的过程中发生变化。

（四）独特性和共同性

人格的独特性是指人与人之间的心理与行为是各不相同的。因为人格是在遗传基因、客观环境、成熟、营养和学习等诸多因素的共同影响下产生和发展起来的。

我们强调人格的独特性，并不排除人与人之间在心理与行为上的共同性。由于人格的形成受到时代特征和历史文化背景的影响，所以同一阶层、同一民族、同一时代的人们在人格上具有代表其所处时代特征的气息，心理学称之为时代性格、群体性格或民族性格。

二、创造性人格的基本特质

创造性人格的基本特质是创造性人才生成的重要元素，是影响个体创造性活动发展的决定性要素。国外许多研究者对创造性人格进行了研究和阐述，但目前仍未形成广泛的共识。

Guilford 在研究认知特性时，发现发散思维中的流畅性、独特性、变通性与创造性行为高相关，从而概括出创造性人格的一些特点：①有高度的自觉性和独立性。②有旺盛的求知欲。③有对新事物强烈的好奇心，对事物的运动有深究的动机。④知识面广博，善于观察。⑤工作中讲求条理性、准确性、准备性、严格性。⑥有卓越的文艺天赋和幽默感。⑦有丰富的想象力、敏锐的直觉和抽象思维能力。⑧意志品质出众，能排除外界的干扰，长时间地专注于某个感兴趣的问题中。

Sternberg 提出创造力的三维模型理论，第三维是人格特征，包括以下因素：①对含糊的容忍；②愿意克服障碍；③愿意让自己的观点不断地发展；④活动受内在动机的驱动；⑤有适度的冒险精神；⑥期望被别人认可，具有丰富的想象力、敏锐的直觉，喜好抽象思维，对智力活动与游戏有广泛的兴趣；⑦富有幽默感，表现出卓越的文艺天赋；⑧愿意为争取再次被认可而努力。

第三节　教师创造性教学行为与创新课堂氛围的构建

对学生创造性的培养，教师与学校是直接相关者，教师的创造性教学行为和创新班级氛围的构建会直接影响学生创造性的发展。

一、教师的创造性教学行为

（一）创造性教学行为的内涵

创造性教学行为是教师努力培养学生的创造性思维和行为，并对学生的创造性表现给予积极反应的、有利于学生创造力发展的教学行为。

（二）教师创造性教学行为与创新思维的关系

史密斯（R.Smith）在界定创造型教师时提到，那些善于吸收最新的教育科研成果，将其积极运用于教学中，有独特见解，能够发现行之有效的教学方法的教师就是创新型教师。教师自身的创造力是其施行创造性教学行为的先决条件和重要基础。

（三）创造性教学行为的测量及工具

1.教师创造性教学行为特点观察表格

Furman 在其研究中用教师创造性教学行为特点观察表格来研究教师的创造性教学行为。该表格根据 28 个行为类别对记录的教师行为进行编码，具体见表 3-1 所列。

表3-1 教师创造性教学行为特点观察表格

序号	类别	解释
1	说明	组织学生的工作和活动
2	指示，命令，警告	任何老师为维持纪律，防止错误行为，要求顺服所说的言论或做出的行为
3	协助	在学生为特定的任务或问题的工作中提供帮助或指导
4	讲课（讲授）	陈述事实，学习资料，阅读教科书
5	老师的回答	老师对学生的问题、要求的所有积极反应
6	利用学生的想法	老师接受和进一步使用或阐述学生的想法

序号	类别	解释
7	（反复）训练类型的问题和任务	老师的目的显然是死记硬背
8	记忆类型的问题和任务	学生们需要记住事实、学习规则的知识等
9	聚合性类型的问题和任务	除了足够的知识外，还需要聚合思维过程来解决既定的任务
10	发散性类型的问题和任务	有许多可能的正确答案或可以来解决这个任务的方法
11	处理问题	与之前的需要提供最终产品的问题相反，在这些问题中，学生需要用语言来说明解决问题的程序和过程，需要给出解决问题的方法。检查学生对某一知识点的理解也属于这一类
12	控制或检查问题	旨在了解学生在独立工作中取得的进步（有人完成了吗），掌握知识的状态或回答的意愿（有人想去黑板上答题吗）
13	个人及其他问题	与课堂作业或学习任务没有直接联系的问题
14	简短的积极评价反馈	大部分是一个词的反馈，说答案是正确的，点头或重复学生的答案（或其部分）也属于这一类
15	表扬，鼓励，表达对学生的信任	除了简单的积极反馈外，减少学生焦虑、鼓励犹豫的学生，用幽默来放松气氛
16	有趣的任务	通过使用有趣的故事、任务、例子来增强动机和兴趣
17	简单的负面评价反馈	通常是只有一个词的反馈，说明答案是不正确的；用类似问题的语调重复答案（或其部分）
18	缺乏评估，讽刺	在应该有反馈的情况下没有反馈，使用讽刺或嘲笑评估学生
19	批评、指责	用更复杂的形式（即几个句子）对学生的成就表达失望，经常可以观察到教师对被评估学生的消极情绪或态度

序号	类别	解释
20	分析性评价	是更详细的评价，给出了评价的理由，指出了学生回答好的和坏的部分，以及展示过程中的错误
21	要求学生评价	邀请学生参与评估的过程，要求给出具体的评价理由
22	回应性的学生反映	由教师发起的回答问题、学生活动，学生的反应不应该与给定的框架重叠
23	回应性的学生书写反应	学生在给定的框架内书写而不足以说出答案
24	学生的积极主动性	学生提出的思想、建议、例子、问题，与教师给出的框架重叠的回答也属于这一类
25	未能给出答案	学生无法给出答案，以回应老师的要求
26	独立工作	为整个班级提供不间断的工作时间
27	个人接触	当观察者不能识别和编码互动的性质时，教师与个别学生的接触
0	混乱	教师或学生行为中的未确定事件，教室中非建设性的安静或混乱的时期

2.教师创造性教学行为评价量表

张景焕、初玉霞、林崇德修订了 Kay 的创造性教学行为自评量表，并对小学教师进行测试，形成了教师创造性教学行为评价量表，见表 3-2 所列。量表由 28 个项目组成，分为 4 个维度：学习方式指导、动机激发、观点评价和鼓励变通。

表 3-2　教师创造性教学行为评价量表

请阅读下列对教师行为的描述，并从 5 个选项中选出最符合您教学行为的一项。其中 1 代表"从不这么做"，2 代表"偶尔这么做"，3 代表"时常这么做"，4 代表"经常这么做"，5 代表"总是这么做"

1. 在我的课上，学生有机会交流他们的看法和观点。
2. 我在课堂上重视学好基础知识和基本技能。
3. 当学生提出某些观点时，我让他们进一步思考之后才表明我的态度。
4. 我能深入细致地了解学生的建议，以使他们理解我在很认真地对待他们。
5. 学生在我的课上会经常进行小组活动。
6. 我强调掌握基础知识和基本技能的重要性。
7. 我为学生提供机会让他们了解彼此的优点、缺点。
8. 我赞赏学生将所学知识派上不同的用场。
9. 我给学生留出有待他们自己解决的问题。
10. 我鼓励学生为教学出谋划策。
11. 学生们很清楚我期望他们学好基础知识和基本技能。
12. 我鼓励学生从不同的角度思考，哪怕其想法可能行不通。
13. 学生们很清楚我期望他们先自己检查作业。
14. 学生知道我不会轻易否定他们的建议。
15. 我鼓励学生用课上所学的知识做不同的事情。
16. 我帮助学生从他们的失败中吸取教训。
17. 我教给学生基础知识并给他们留出个人自学的余地。
18. 我只在学生充分讨论他们的看法后才发表评论。
19. 我喜欢学生花时间从不同的方面进行思考。
20. 无论对错我的学生都有机会自己进行判断。
21. 即便学生的建议并不实际或不一定有用，我也会认真倾听。
22. 我不介意学生偏离我所教的内容去尝试自己的想法。
23. 我鼓励遭受挫折的学生把挫折看作学习的一部分。
24. 我给学生留出开放性的问题，让他们自己去寻求答案。
25. 我期望学生在小组活动中主动合作。
26. 尽管以不同的方式做事要占用更多的时间，我还是鼓励学生这么做。
27. 我耐心倾听学生提出的或许显得可笑的问题。
28. 我鼓励遭遇失败的学生寻求其他可能的解决办法

二、创新课堂氛围

（一）创新课堂氛围的内涵

近年来，随着社会和教育领域对学生创造力的重视和大力倡导创造性人才的培养，课堂环境的研究者也日益关注有利于培养学生创造力的课堂环境。胡卫平指出，所谓创造性的课堂环境指的是支持教师和学生的具有创造性的思维和教学活动，能有效激发学生创造性的动机及积极的学业情绪，善于培养学生创造性的人格，拥有自由、民主、和谐的课堂氛围的环境。

（二）创新课堂氛围与创新思维的关系

师生关系的融洽度和同伴关系的友好度在一定程度上对学生的创造力会产生重要的影响。当教师支持并认可学生的创造动机和热情，在学生遇到挫折时给予情感上的安慰和认知上的帮助时，能增强学生的自信，从而使学生表现出更多的创造性行为。良好的同伴关系有利于学生对他人形成积极的态度，促进学生间的合作。学生在互相表达观点、探讨问题、思想碰撞的过程中，创造力就能得到很大程度的提高。韩琴等人的研究也发现，与单独学习相比，同伴互动的学习方式更能促进学生创造力的发展。

（三）创新课堂氛围的测量

胡琳梅和龚少英在 Fraser 编制的课堂环境问卷（WIHIC）基础上，结合国内胡卫平的创造性课堂环境理论及 Cropley 关于创造性教学行为的观点，编制了创造性课堂环境问卷表，见表3-3所列。

下表是关于课堂环境的一些描述。请根据实际情况，看每个描述与你相符合的程度，在最符合自己情况的数字选项上划"√"。

表3-3　创造性课堂环境问卷表

题号	题目	从来没有	很少发生	偶尔发生	经常发生	总是如此
1	老师会主动关心我	1	2	3	4	5
2	老师不厌其烦地帮助我	1	2	3	4	5
3	老师会考虑我的感受	1	2	3	4	5
4	当我学习遇到困难时，老师会帮助我	1	2	3	4	5
5	老师会与我沟通交流	1	2	3	4	5
6	老师时常鼓励我	1	2	3	4	5
7	我了解班上的其他同学	1	2	3	4	5
8	我对班上的同学很友好	1	2	3	4	5
9	班上的同学都是我的朋友	1	2	3	4	5
10	我和班上其他同学相处得很好	1	2	3	4	5

题号	题目	从来没有	很少发生	偶尔发生	经常发生	总是如此
11	当班上其他同学的学习遇到困难时，我会帮助他们	1	2	3	4	5
12	我认为班上的同学都喜欢我	1	2	3	4	5
13	我会参与课堂讨论	1	2	3	4	5
14	在课堂讨论时我会发表自己的看法和观点	1	2	3	4	5
15	我会向老师提出问题	1	2	3	4	5
16	我会向班上其他同学解释我的观点	1	2	3	4	5
17	同学会问我如何解决问题	1	2	3	4	5
18	做作业时，我会让同学享用我的书籍和资料	1	2	3	4	5
19	在分组活动时，小组内的同学能够互相合作	1	2	3	4	5
20	开展班级活动时，我和其他同学相互合作	1	2	3	4	5
21	老师给我们发现自己正确或错误的时间与机会	1	2	3	4	5
22	老师给我们改正错误的机会	1	2	3	4	5
23	老师会认真倾听我们提出的问题和建议	1	2	3	4	5
24	老师不会轻易否定我们的建议	1	2	3	4	5
25	不管我们的建议是否有用，老师都会认真倾听	1	2	3	4	5
26	老师耐心倾听我们提出的问题，即使问题显得可笑	1	2	3	4	5
27	当我们提出某些观点时，老师让我们进一步思考之后表明他的态度	1	2	3	4	5
28	我们提建议时，老师会在我们所提建议的基础上提出让我们进一步思考的问题	1	2	3	4	5
29	在班上，我的发言机会和其他同学一样多	1	2	3	4	5
30	在班上，我和其他同学受到同等对待	1	2	3	4	5
31	我参与课堂讨论的机会和其他同学一样多	1	2	3	4	5
32	我的作业得到的表扬和其他同学一样多	1	2	3	4	5
33	我得到回答问题的机会和其他同学一样多	1	2	3	4	5

第四节　教师创新思维中的认知与情绪调控

一、教师创新思维的认知特征

（一）创新型教师的认知方式特点

认知特征是指一个人处理信息的习惯，反映了一个人知觉、思考、解决问题和记忆的典型模式。认知特征具有一致性和持久性的特点，不同的教师有不同的认知方式。一般来说，创新型教师的认知方式呈现出以下特点。

1.认知方式以创造性思维和发散性思维为主

创新型教师更倾向于创造性思维，创新意识较强，敢于打破常规和历史传统，一般不喜欢照搬别人的教育经验和方法，善于根据教材和学生特点，灵活运用各种教学方法，从而形成自己的教学风格。他们在教育教学中总是不断地探索实践、反思总结，经常有自己的创新。创新型教师往往是以发散性思维为核心，以收敛式思维为支持，对两者进行有机结合，更喜欢寻求问题的多种可能性，备课时注意选择"发散点"，对教学过程中可能出现的各种情况考虑得比较充分，对学生探索一题多解的努力和出乎意料的问题，多持肯定和鼓励态度，而且能有意识地加以引导。他们还经常设计一些开放性的、没有单一答案的问题，以激发学生的创新思维。

2.认知风格以场独立性为主

在认知风格研究中，最著名的是威特金（H. Wintkin）关于场依存性与场独立性的研究。威特金认为，场依存性与场独立性是两种普遍存在的认知方式，倾向于场依存性认识客观事物的人，对客观事物的判断常以外部线索为依据，其认知活动易受周围背景的影响，尤其受权威人物、传统习惯的影响，往往不能独立地对事物做出判断，而场独立性的人，常以自己的内部线索为依据，其认知活动不易受外来因素的影响和干扰，从而更倾向于独立地对事物做出判断。创新型教师的认知方式更倾向于场独立性。他们不喜欢"唯书""唯上"，不迷信权威，有自己的独立见解，但又能认真听取别人的合理意见。

（二）创新型教师的心理品质

心理特征是个体表现在认知、情感、意志过程和个性心理特征方面的本质特征。创新型教师应具备哪些心理品质才能适应创新型国家对创新人才培养的要求呢？

1.强烈的创新意识

创新意识是个体在教育活动中，能有意识、有目的地按创新要求衡量与调节自己的思想言行的心理活动。爱因斯坦认为，创新意识是科学创造的出发点、动机和推动力。强烈的创新意识是创新型教师从事创新教育教学实践不可或缺的一种心理品质，是驱动创新型教师产生创新行为的内在动力和前提。创新型教师强烈的创新意识表现为具有创新的意向和愿望，能从不同寻常的独特视角分析问题，能迅速接受新事物，具有善于捕捉信息的超前性，既能根据教育发展的需要，形成新的教育观，又能以新的教育观为指导，改造现有的教育实践。创新型教师能大胆地思考、怀疑、提出、探索及解决问题，并注重从教育观念、教育内容、教育方法手段等诸方面不断地进行创新，用创新理念来引导人、塑造人。

创新型教师强烈的创新意识包含有多种心理成分，其中最主要的有两种：好奇心和创新动机。好奇心是个体对新事物、新知识的浓厚兴趣和求知欲望，是推动人们从事创造活动的内驱力。居里夫人（Marie Curie）把好奇心称为"人类的第一美德"。心理学研究表明，学生对创造发明的好奇心是在教师精心呵护和培养下发展起来的，教师的好奇心越强，学生的创造性就越高。好奇心既是诱发创新的重要因素，也是创新的开端。在好奇心的驱动下，教师就能以求新、求异、求奇的精神状态，创新性地完成教书育人的任务。

创新动机则是直接推动人进行创新活动的内部动力。它对人的创新行为有着导向、激发和强化的作用。创新动机是促使主体产生创新行为的重要心理因素。心理学实验及实践表明，适度的创新动机，最有利于激发和调动人的创新行为和活动。因此，在组织和实施创新教育教学活动时，创新型教师应保持适度的创新动机。

2.完善的认知能力

教育心理学认为，认知能力是个体接受、加工、贮存和应用信息的能力。

这种能力是后天习得的，但要受原先习得的知识技能的影响。用现代观点来说，知识、技能和能力是统一的。因此，创新型教师完善的认知能力是由多元合理的知识结构和娴熟的教育能力构成的。完善的认知能力是创新的核心机制。

3.健全的人格

创新是一种复杂的心理活动过程，除了强烈的创新意识、完善的认知能力外，创新型教师还应具有健全的人格。这不仅是保证自身身心健康、事业成功的必要条件，而且对学生的创造力发展和人格形成有着不可忽视的影响。正如俄国教育家乌申斯基所说："在教育工作中，一切都应该以教师的人格为依据。"健全的人格特征是创新的保障系统。

二、教师创新思维的认知调节

（一）教师创新思维中认知策略的含义

认知策略的功能，主要是用来调节和控制个体自身的认知加工活动。认知策略是一种对内调控的技能，它所涉及的概念和规则反映人类自身认识活动的规律，而人类认识活动潜藏于人的内部，无法从外部直接观察到，因而这类概念和规则难以通过直观演示的方法教给学生。对于教师而言，弄懂陈述性知识和程序性知识的异同并不困难，关键要在具体的学科教学中实现两种知识的相互转化，教会学生在适当的情境中以适当的形式提取某个知识点的技能，让学生把知识学活。

（二）教师创新能力培养的认知构成

方力维等人采用自编的中学教师心理素质问卷对119名中学卓越教师、264名有经验的普通教师以及245名年轻的新手教师进行调查，使用判别分析法得出中学卓越教师区别于其他两类教师的核心心理素质，进而以中学卓越教师核心心理素质为定位线索，通过对13名典型中学卓越教师传记材料的内容分析，得出了核心心理素质所对应的生成策略，其中"创新能力"这一核心素质的生成策略见表3-4所列。

表3-4 "创新能力"核心心理素质生成策略的内容分析

核心心理素质	生成策略		人数	所占比例（%）	典型文本范例
	名称	概念			
创新能力	思维迁移	将理论或是现实所反映的规律从一个情景迁移到另一个情景	10	76.9	想出"绿色语文"这个新奇的概念，并非只是心血来潮、杜撰新词，而是事出有因。大概在10年前我听说过这样一件事。在课堂上，众学生对抱着一大沓试卷的老师调侃道："这些纸张都是通过砍伐大量树木得来的，实在是罪过、罪过！"于是，我开始思考，教师该如何才能为环保做出贡献？那就是"减少试卷"！"减少试卷"又意味着什么呢？于是,我想到了"绿色语文"的概念
创新能力	思维迁移	将理论或是现实所反映的规律从一个情景迁移到另一个情景	10	76.9	执行任务时，如果外部的要求过于严苛，那么个体会无法将精力专注地投入当前的任务之中，这是因为外部的强制性要求无形之中给予人压迫感，会使个体执行任务的效率与质量有所损耗。他正是因此而想出将作业的设置主动权交给学生，让学生被新型的作业形式所吸引，充分激起学生高效的自我管理能力
	博览群书	广泛地阅读各类书籍，而不局限于所授的科目或是兴趣	12	92.3	他讲数学，不仅仅是围绕着课本的知识，更多的是讲哲学辩证法。针对同样一个问题，他总是能用多种方法加以讲授，带领课堂在座的每一位穿梭于不同的领域之间。在他的数学课上，学生听到的故事绝对不局限于数学这一学科，他的学生都被其丰富的课堂延伸内容所震撼
创新能力	博览群书	广泛地阅读各类书籍，而不局限于所授的科目或是兴趣	12	92.3	书稿完成之后我才发现：尽管是整理旧作，但我还是等于把这些问题重新思考了一遍，感觉获益匪浅。最突出的一点，就是跳出了我过去对许多"点"问题思考的局限，对语文"美育"有登高一望、豁然开朗之感。 她说：教师的教不能同学生的学在同一个平面上移动，她要教出学生之未知，他人之未想。一些前来听课的教师对问题感到新奇，但同时又觉得过深过难，但她的学生却正在积极思考。学生的脑际间闪现出她平时教学中延伸的丰富内容——古希腊的悲剧故事，《哈姆雷特》的崇高悲壮……

该研究结果表明，情绪调控、自我监控、自我开放、创新能力、职业认同是中学卓越教师区别于有经验的普通教师、年轻的新手教师的核心心理素质。其中"创新能力"所对应的生成策略为"思维迁移"和"博览群书"。

　　阅读是教师获取前沿研究动态、触发教育灵感的一大策略。但是鉴于目前的教育大环境被应试教育所充斥，很多中学教师将自己的阅读范围限定在所授科目之内，这就造成了教师机械施教的现象，其陈旧的教学模式无法吸引学生的注意力。中学卓越教师则是充分体验多元化的阅读方式，从阅读中搜寻亮点，持续给自己灌输新知识，最终达到质的飞跃。诺贝尔曾提出，不同学科之间具有紧密的联系，解决单个科学问题时，不应脱离其他学科领域的相关知识。那么，作为极具创新能力的卓越教师，单一学科的知识储备是远远不够的，还要大胆跳出学科的框架，以开放的姿态汲取不同领域的精华，为自己的"新点子"储备多元化资源。而在"思维迁移"方面，中学卓越教师习惯于将理论或是现实所反映的规律从一个情景向另一个情景迁移，这种思维的迁移可促使他们创造性且高效率地解决棘手的问题。有关中学卓越教师的这些研究结果，对于从认知调节的角度进行教师创新能力的培养具有重要的指导意义。

（三）教师创新思维培养中情绪与认知的可调节性

　　人们在认知过程中，对于外界信息的加工效能，除了与头脑原有知识结构相关外，很重要的是受心理与情绪的调控。情绪的改变会让人产生对事物的不同认知，例如愉快使人觉得事物都是和谐的，而痛苦使人感到世界暗淡无光，令人沮丧。一般认为，良好的心理素质和正面的情绪对创新思维起协调促进作用，而不健康的心理、负面的情绪则往往对思维活动起破坏、瓦解或阻断的作用。但近年来也有观点认为，创造力与情绪的激活程度有关，与情绪效价本身关系不大。不管情绪是正面的还是负面的，处于激活状态的情绪（例如，快乐和生气）比非激活状态的情绪（例如，放松和悲伤）更能促进人的创新性思维。但在同样的激活程度下，正面的激活情绪（例如，快乐）有比负面的激活情绪（例如，生气）更能促进创造性思维。因此，培养良好的心理素质，提高调控情绪的能力，是把握创新思维的重要条件。

　　人的心理具有稳定性的特点，然而我们还要看到和承认人的主观能动作用，要承认心理素质的可改变性和可培养性。后天的学习和训练对于完善心理品质、提升心理素质具有重要作用。明确认识心理素质的可培养性和可调控性，是自我培育良好心理素质的前提。

三、教师创新思维与情绪调控

（一）教师创新思维培养中情绪调控的意义及理论观点

如上文所述，在教师创新思维的培养中，情绪调控具有必要性和可行性。在当前教育教学体制改革的大背景下，教师的教学理念、教育模式均受到前所未有的强力冲击，中学教师通常承受着巨大的心理压力。只有能够及时调节情绪，得以保持冷静、自制、倾听、耐心、安全的心理氛围，才能将精力最大限度地投入教学工作中去，进而取得卓著的教学成果。

有研究者提出，在创新思维的培养中，教师需要进行情绪方面的"安顿心灵"。现代社会处于高速发展中，外部环境随时发生变化，而人的基本活动是基于对外部信号的接收，进而经过个体的思考产生相应的行为反应以达到与外界的平衡。如果个体的内心总是随着外界的冲击而大幅度波动，并且将这种思维模式习惯化，那么情绪将会外显到行为层面以至于无法调控。因此，真正让自己的心灵不随外界的褒奖而大幅度波动才是保持卓越的一大策略。通俗地说，把外界冲击比作雨水，个体的内心若是浅浅的水洼，则容易随着雨水的下落渐起波澜；个体的内心若是汪洋大海，面对雨水的袭来便依然能够做到波澜不惊。除此之外，教师还需要进行"情感投入"。有研究认为，创新型的中学卓越教师乐于在教学理论与实践间反复游走，教学事务的繁忙并不会影响该群体的教学热情，这种对教学工作的高度认同源于教师内心对学生和教育事业的情感投入。真情实感的投入会使教师不仅仅将教学视为一项工作，而是所肩负的一种使命，可促进教师更用心地执行教学工作，进而获得更优的教学成果以进一步强化自身的价值感、使命感以及对教学工作的认同感。

（二）与创新思维相关的情绪心理素质培养

国内的钟月明等人提出，可以从以下几个方面培养创新型教师的情绪心理素质。

1.乐观的心态

大多数心理学者都将积极、乐观、向上的心理素质看作是心理健康的主要标志。乐观与快乐是表里关系。科学家发现，欢笑与乐趣会刺激脑部制造儿茶酚胺（Catecholamine）、内啡肽（Endorphins），从而影响身体的荷尔蒙功能，包括产生愉悦感、缓解痛苦、提高创造力。美国心理学者坎布斯就曾提出乐观的、健康的心理有四大特点：①能认识自己存在的价值，在不顺心时仍能保持积极的自我观念。②能较好地认同他人，能与人分享乐忧，善于向人学习。③敢于面对现实，对有利与不利条件、环境，均能实事求是，经得起失败与挫折。④正确对待自己和他人的优缺点，发挥优势，解决难题。因此，乐观心态是促进创新思维的基本心理素质。

2. 坚定的自信心

肯定自我，自重自律，工作中有自我信任感，心理上不依赖别人；出了问题，既不以"是他人的错"为借口，也不盲目过度自责。这应是独立性、创新性的心理基础。一些人往往怕犯错误，或有从众心理，觉得自己想法把握性低，与多数人一致保险，或思想懒惰，或怕他人非议，或迷信权威、崇尚教条，这都是自信心不强的表现、妨碍创新思维的开展。教育心理学家肯尼思·哈伍德曾对创新成果"高""低"的两组年轻科学家的自信心做比较研究，发现成果高的组中的科学家表现了相当好的自信和对抗社会压力的能力，而成果低的组中的科学家经常有在周围人们中建立良好印象的欲望。事实说明，少数不肯从众的人保持敏锐的触角，才让新事物成为可能。因而自信心和独立思考是创新思维应具有的心理素质。

3. 丰富的想象力

想象力是人类最神秘的丰富宝藏，爱因斯坦曾说，"想象力比知识更重要，想象力概括着世界上的一切，推动着进步，并且是知识进化的源泉"。心理学家奥斯本在著述中甚至将创造力和想象力作为同义词使用。由于想象力是发散性思维的心理基础，因此想象力是创新思维的心理要素。要发展想象力就必须做到以下几点。①善于务虚，不要把务虚当作脱离实际。有时太接近问题会使观察焦点模糊，易产生见树木不见森林的毛病，妨碍想象力扩展。②主动改变固执心理，遇事不钻牛角尖，要使自己"似有无数触角无限地向四面八方探触"。③善于延伸时空视野，实行时空跳跃思考。视野狭窄，对小事反应过激，会抑制想象力。④明确问题的正确答案绝非一个，不拘泥于某个"正确"答案，努力寻找众多可能性。

4. 强烈的好奇心

对事物的敏锐感是创新思维所必需的心理素质。遇事无动于衷会扼杀创新思维，而好奇心、怀疑精神、浓厚兴趣、观察力、注意力是创新思维极其重要的心理因素。因此，有研究者提出，要保持好奇心则应强调：不满足现状，淡化求稳怕乱的心态；保持童稚般的好奇心，不逃避"游玩"，不认为"肤浅"；敢于怀疑，爱问为什么，不被表面的认同或结论所满足；兴趣广泛，并且当遇到新问题时，能迅速激发出浓厚的兴趣。

5. 坚强的意志力

恒心和意志力是事业成功的必要条件，也是创新思维启动与持续的保证。意志力在创新思维中表现为以下几个方面。①在遇到思维阻塞、挫折时，有克服困难的意志。②有调控自身心理和情绪的意志力，即自身自律的能力。③甘冒风险，在失败面前，能正确归因，增强信心和恒心。④在创新思维过程中，具有专注力。创新思维需要兴趣既广泛又专一。兴趣不广泛不利于扩散思维，兴趣不专一会让研究不能深入。因而必须强调具备注意力、专注力的心理素质。

（三）教师创新思维培养中心理情绪调控的主要方法

研究者认为，为了使心理情绪有利于创新思维，人们可以主要运用以下几个方面的方法来进行调控。

一是理性调控方法。人们经常会遇到理智与感情的关系问题，能够正确处理理智与感情，实质上就是具有了较强的理性调控力。人的情绪有个发展过程，比如会由对某人不满而发展到嫉妒，由嫉妒必产生与他人的疏离，从而可能发展成仇恨。而一个有理智、有自控力的人，可以通过理性思考，淡化疏离感，增强同情心，设身处地为他人着想，分享他人的感觉与命运，把那种对他人的嫉妒心理转变为对他人的认同，从而控制自己的嫉妒感。

二是转移调控方法。这是对负面心理情绪调控的常用方法。如情绪不佳时，人们可以看书、听音乐、看电视、散步，或更积极地投入工作，使自己放松一下、回避一下，以转移情绪的冲动。其主观能动的心理过程一般应是：首先承认这种情绪的存在，然后找形成原因，进而设法转化它。心理学者认为当个体心理不平衡时，一般有三种途径使之恢复平衡，一是积极式的，如上述理性调控；二是反抗式的，就是一种行为发泄的方法；三是消极式的，即对现实持消极态度。转移调控法可以视为一种介于消极与积极之间的方法，是一种把负面情绪引向"建设性抒发"的方法，是一种不做"热处理"而寻求"冷处理"的方法。

三是发泄调控方法。精神动力学理论认为，压抑不是处理负面情绪的根本办法，要使负面情绪有适当的表现机会。人们可以主动地使用宣泄去调控情绪，例如找朋友倾吐胸中抑郁，对于不便倾吐的问题，最好是求助心理医师进行心理咨询。

四是感染调控方法。自然、社会环境和人际关系，对人的心理情绪有重大的感染作用。情绪低落的人接近你，你可能也会低落。因此，人们应该主动使自己脱离原来的易于引发不良情绪的环境，进入有利于克服负面情绪、有利于创新思维的人际圈和生活环境。与积极向上的人交流，人本身也会受其影响，改变自己看待问题的角度，从更积极的方面解读自身遇到的问题，从而有效地调节情绪。

【参考文献】

[1]　陈培蕾.浅析创新型教师的特征[J].读与写(上，下旬)，2017，14（28）：1.

[2]　田甜.知识的多元化表示与学生创新思维能力培养的研究[D].扬州：扬州大学，2007.

[3]　方力维.中学卓越教师核心心理素质研究[D].重庆：重庆师范大学，2018.

[4]　李茂林.关于小学语文教学中的情感教育及其实施对策分析[J].学周刊，2016（32）：96-97.

[5]　钟月明.心理、情绪与创新思维[J].桂海论丛，2002（4）：57-60.

[6]　陈辉辉，郑毓煌.创造力：情境影响因素综述及研究展望[J]，营销科学学报，2015，11（2）：51-68.

第四章　创新思维训练的方法与技术

【引言】

创新是人类与生俱来的属性。虽然每个人的知识水平、思维能力有所不同，但是通过正确的引导和训练，掌握创新思维的方法，形成积极思维的习惯，就可以培养出意想不到的创新思维能力。在进行创新思维训练的过程中，掌握科学的创新思维方法和技术是非常重要的，没有方法的学习，再多的训练也只能是低水平的重复。只有经过大量的训练，学到的创新思维方法和技术才有可能转化为创新思维能力。

【本章要点】

● 创新思维方法的训练
● 创新思维训练的常用技术
● 测一测：你的创造力有多强

第一节　创新思维方法的训练

一、发散思维训练

发散性思维能力是创造力的主要标志之一。发散思维又称"辐射思维""放射思维""多向思维""扩散思维""求异思维",是指从一个目标出发,沿着各种不同的途径去思考,探求多种答案的思维方式。从不同方面思考统一问题,"一题多解""一物多用""举一反三"等都是以发散思维的方式来思考问题。

(一)发散思维的形式

1.立体思维

立体思维也称"多元思维""全方位思维""整体思维""空间思维""多维型思维",是指跳出点、线、面的限制,能从上下左右、四面八方去思考问题的思维方式,也就是"立起来思考"。

运用立体思维思考问题时常有三个角度:有一定的空间、有一定的时间、万物联系的网络。

2.平面思维

平面思维是线性思维向着纵横两个方向扩张的结果。当思维的点处于同一平面不同方位的时候,思维就进入了平面思维。我国古代著名人物诸葛亮,擅长于用"兵"是众所周知的。一般人可能认为只有"人"才可以当"兵"用,但在诸葛亮的思维中,水、火是"兵",草、木皆"兵",更可以借东风以作"兵"用,这就是平面思维的效果。

3.逆向思维

人类的思维具有方向性,存在着正向与反向之差异,由此产生了正向思维与反向思维两种形式。反向思维则是指悖逆人们的习惯路线去思维。这种方法常常使问题获得创造性地解决。

【拓展阅读】

案例 4-1：摘下女士的帽子

印度有一家电影院，常有戴帽子的妇女去看电影。帽子挡住了后面观众的视线。大家请电影院经理发个场内禁止戴帽子的通告。经理摇摇头说："这不太妥当，只有允许她们戴帽子才行。"大家听了，不知何意，感到很是失望。第二天，影片放映之前，经理在银幕上映出了一则通告："本院为了照顾衰老有病的女客，可允许她们照常戴帽子，在放映电影时不必摘下。"通告一出，所有女客都摘下了帽子。（案例来源：吴兴华. 创新思维方法与训练 [M]. 广州：中山大学出版社，2019：33.）

4. 侧向思维

侧向思维又称"旁通思维"，是沿着正向思维旁侧开拓出新思路的一种创造性思维。

5. 横向思维

横向思维，又称水平思维，是相对于纵向思维而言的一种思维形式。纵向思维是按逻辑推理的方法直上直下的收敛性思维。横向思维是当纵向思维受挫时，从横向寻找问题答案的思维。

6. 多路思维

多路思维是指对一个有多种答案的问题，朝着各种可能解决的方向，去扩散性思考该问题各种正确答案的思维。多路思维要求思考者要从不同角度、不同逻辑起点、不同思维程序考察客观事物，形成多方面、多层次、多因素、多变量的整体认识，要善于一路又一路地想问题，而不要在"一条道上摸到黑"。

7. 组合思维

组合思维又称"连接思维"或"合向思维"，是指把多项貌似不相关的事物通过想象加以连接，从而使之变成彼此不可分割的新的整体的一种思考方式。江苏省常熟中学的庞颖超在现行的纯红绿颜色的灯中加入一些白色的有规则形状的图形，如在红色圆形中间加入一条横着的白杠，在绿色圆形中间加入一条竖着的白杠，以此来让色盲人士进行识别。

（二）发散思维训练的一般方法

1.七种发散途径训练

根据思维发散的途径，我们可以从七个方面进行发散性思维训练：

（1）功能扩散：以某种事物的功能为扩散点，设想出获得该功能的各种可能性。例如，尽可能多地设想水的用途，尽可能多地想出使脏衣服去污的办法，等等。

（2）结构扩散：以某种事物的结构为扩散点，设想出利用该结构的各种可能性。例如尽可能多地列举具有"立方体"结构的东西。

（3）形态扩散：以事物的形状、颜色、音响、味道、明暗等为扩散点，设想出利用某种形态的可能性。例如，尽可能多地设想利用红光可以做什么或办什么事，尽可能多地设想利用辣味可以做什么或办什么事，等等。

（4）组合扩散：从某一事物出发，尽可能多地设想与另一事物（或一些事情）联结成具有新价值（或附加价值）的新事物的各种可能性。例如尽可能多地说出钥匙圈可以同哪些东西组合在一起。

（5）方法扩散：以解决问题或制造物品的某种方法为扩散点，设想出利用该方法的各种可能性。例如尽可能多地设想用"钻"的方法可以办成哪些事或解决哪些问题。

（6）因果扩散：以某个事物发展的结果作为扩散点，推测造成此结果的各种原因；或以某个事物发生的起因作为扩散点，推测可能发生的各种结果。

（7）关系扩散：从某一事物出发作为扩散点，尽可能多地设想与其他事物的各种联系。例如尽可能多地说出某人与另外一些人的关系。

2.假设推测法

假设的问题不论是任意选取的，还是有所限定的，所涉及的都应当是与事实相反的情况，是暂时不可能的或是现实不存在的事物对象和状态。由假设推测法得出的观念可能大多是不切实际的、荒谬的、不可行的，这并不重要，重要的是有些观念在经过转换后，可以成为合理的、有用的思想。

3.集体发散思维

发散思维不仅需要用上我们自己的全部大脑，有时候还需要用上我们身边的无限资源，集思广益。

（三）发散思维训练的心智图法

心智图法又称为思维导图，它能够将各种点子、想法以及它们之间的关联性以图像视觉的景象呈现出来。绘制思维导图的 7 个步骤如下。

（1）从一张白纸的中心开始绘制，周围留出空白。

（2）用一幅图像或者画面来表示中心思想。

（3）在绘制中使用颜色。

（4）将中心图像和主要分支连接起来，然后把主要分支和二级分支连接起来，以此类推。

（5）让思维导图的分支自然弯曲而不是使用直线。

（6）在每条线上使用一个关键词。

（7）自始至终使用图形。

二、逆向思维训练

人们在解决问题时，习惯于按照熟悉的、常规的正向思维来进行思考。然而，对于具有创新需求的发展变化的事物，利用正向思维有时不易找到正确答案，一旦改变思维的方向，从与逻辑思维方向相反的方向进行思考，往往会获得不同寻常的解决问题的办法。

（一）逆向思维法的类型

1.反转型逆向思维法

这种方法是指从已知事物的相反方向进行思考，产生发明构思的途径。

【拓展阅读】

案例 4-2　吸尘器的发明

1910 年，伦敦举行了吹尘器的表演，它用强大的气流将灰尘吹走。吹尘器除尘后，地面是干净了，可吹起的灰尘却呛得人透不过气来。有一个年轻人由此联想，如果反过来"吸尘"是否可行呢？不久，简易版的吸尘器就诞生了。（案例来源：曹福全，丛喜权.创新思维训练 [M].北京：高等教育出版社，2019：93.）

2.转换型逆向思维法

这是指在研究问题时，由于解决这一问题的手段受阻，而转换成另一种手段，或转换思考角度，以使问题顺利解决的思维方法。如历史上被传为佳话的司马光砸缸救落水儿童的故事，实质上就是一个用转换型逆向思维法的例子。由于司马光不能通过爬进缸中救人的手段解决问题，因而他就转换手段，破缸救人，进而顺利地解决了问题。

3. 缺点逆向思维法

这是一种利用事物的缺点，将缺点变为可利用的东西，化被动为主动，化不利为有利的发明方法。这种方法并不以克服事物的缺点为目的，相反，它是将缺点化弊为利，找到解决方法。例如金属腐蚀是一种坏事，但人们利用金属腐蚀原理进行金属粉末的生产，或进行电镀等其他用途，无疑是缺点逆向思维法的一种应用。

（二）逆向思维的训练方法

1. 辩证分析

正向和逆向本身就是对立统一，不可分开的。在进行逆向思维训练时，我们可以从矛盾对立面去思考问题。任何问题都是矛盾的统一体，只有从矛盾的不同方面去引导逆向思维，才能找到独到的、科学的、令人耳目一新的解决方法。

2. 运用反证

反证法是正向逻辑思维的逆过程，是一种典型的逆向思维。反证法又称归谬法、背理法，是一种论证方式，这种方法首先假设某命题不成立，然后推理出明显矛盾的结果，从而下结论说原假设不成立，原命题得证。

3. 执果索因

从果到因，从答案到问题，改变解决问题的惯用思路。设想一个婴儿奶瓶瓶身的颜色被设计成会随牛奶温度的变化而改变，对于这一设计的意义，大多数人很快会想到是为了避免牛奶温度过高烫到婴儿。那么，如果转换提问的方向：如何设计奶瓶以保证牛奶的温度不会过高？人们的思维过程会发生怎样的变化呢？

【拓展练习】

随机选取某项事物，运用发散思维列举其缺点。进行缺点逆向思考，克服事物的缺点，将缺点化弊为利，提出具体的设想和方案。

三、联想思维训练

联想思维是由一事物的概念、方法、形象想到另一事物的概念、方法和形象的心理活动。联想是开启人们思路、升华人们思想的催化剂。研究和实践证明，大跨度的联想思维能力，往往具有很强的创造力。

【拓展阅读】

案例 4-3 消肿解毒良药

我国汉末医学家华佗，有一次看到蜘蛛被马蜂蜇后，落在一片绿苔上打了几个滚，肿便消失了。他由此联想到绿苔可用来为人治病。通过试验，消肿解毒良药便问世了。(案例来源：http://www.360doc.com/content/11/0716/00/1775706_133914307.shtml.)

（一）联想思维法的类型

1.接近联想法

发明者在时间、空间上联想到比较接近的事物，进而产生某种新的设想的思维方式，就叫做接近联想法。

2.相似联想法

在形式上、性质上或意义上相似的事物之间所形成的联想。例如，从语文书想到数学书，从钢笔联想到铅笔。这种联想也可运用到创造发明的过程中来。

【拓展阅读】

案例 4-4 鲁班发明锯

我国古代的能工巧匠鲁班，从手指被边缘呈细齿状的茅草拉了个口子，联想到可以把片状钢条的边缘打成细齿，用以锯木头。于是，他发明了锯子。(案例来源：齐洪利.创新思维训练教程 [M].北京：清华大学出版社，2019，9：8.)

3.对比联想法

对比联想法也被称为相反联想法，即由某一事物的感知和回忆引起跟它具有相反特点的事物的联想方法。例如，黑与白，写与擦，大与小，水与火，黑暗与光明，温暖与寒冷。

4.因果关系联想法

由两个事物间的因果关系所形成的联想。比如，从铅笔到铅，从橡皮到擦除。

（二）联想思维法的训练

联想力的高低主要表现在两个方面，一是联想的速度，二是联想的数量。人人都会发生联想，但高联想力并不是人人都具备的。只有经常地进行专门的联想训练，人才会提高联想力，为创造性思维打下基础。

（1）提高联想速度训练：给定两个词或两个物，然后通过联想在最短的时间里由一个词或物想到另一个词或物。如：天空、鱼，那么其间的联想途径可以是：天空对比联想地面，地面接近联想湖、海，湖、海接近联想鱼。

（2）提高联想数量训练：给定一个词或物，然后由这个词或物联想到其他更多的词或物，在规定的时间内，想得越多越好。

四、想象思维训练

想象思维是个体对已有表象进行加工，产生新形象的过程。想象以记忆表象为基础，但它不是记忆表象的简单再现。想象是组织起来的形象系统对客观现实的超前反映。

（一）想象思维法的类型

1.无意想象

无意想象是事先没有预定的目的，不受主体意识支配的想象。无意想象是在外界刺激的作用下，不由自主地产生的。例如，人们观察天上的白云时，有时把它想象成棉花，有时又想象成仙女、野兽等；还有人们在睡眠时做的梦，精神病患者在头脑中产生的幻觉，这些都是无意想象。无意想象可以导致灵感的产生。但无意想象不能直接创造出新东西，必须借助有意想象。

2.有意想象

有意想象是事先有预定的目的的，受主体意识支配的想象。它是人们根据一定的目的，为塑造某种事物形象而进行的想象活动，这种想象活动具有一定的预见性、方向性。有意想象分为再造型想象、创造型想象和幻想型想象。再造型想象是根据他人的言语叙述、文字描述或图形示意，形成相应形象的过程。如读小说、诗歌想象出人物的形象和场面，看舞蹈、听音乐想象出的画面。创造型想象是不依据现成的描述而独立创造出新的想象表象的过程。幻想型想象是与生活愿望相结合并指向未来的想象。

（二）想象思维法的训练

1.了解想象思维的认知加工方式

想象活动中的认知加工方式主要有四种：黏合、夸张、人格化和典型化。

（1）黏合。黏合就是把两种或以上本无关系的客观事物的属性和特征结合在一起，构成新形象。例如英国一个叫吉姆的小职员在脑海里把脚上穿的鞋子和能滑行的轮子这两样东西的形象组合在一起，想象出了一种"能滑行的鞋"。经过反复设计和实验，他终于制成了四季都能用的"旱冰鞋"。

（2）夸张。夸张是故意增大或缩小客观事物的正常特征，使他们变形，《格列佛游记》中的大人国和小人国就是经典的例子。

（3）人格化。人格化就是对客观事物赋予人的形象和特征，从而产生的新形象。例如动画片中的小猪佩奇，巧虎等。

（4）典型化。典型化就是根据一类事物的共同特征来创造新形象。作家、艺术家用以概括现实生活、创造典型形象的方法就是通过收集、分析大量的生活材料，从中提炼出最能体现某种人物或某种生活现象特点的素材进行整合、虚构，在艺术加工的基础上创造出新的艺术现象来。

2.增强想象思维的方法

（1）丰富表象积累。表象是想象的现实依据。一个人的表象储备越多，所展开的想象内容就越丰富。拓宽视野是丰富表象积累的重要途径，人只有开阔视野，才能接触鲜活的事实和知识，才能更好地感知大千世界，储备丰富的记忆表象。

（2）训练想象能力，即通过训练再现的想象能力、解决现实问题的想象能力、超现实的或面向未来的想象能力等增强想象能力。例如想象一次火星旅行的经历。

第二节 创新思维训练的常用技术

为了解决复杂问题，人们在长期的创新实践中，发明了许多思维技术与工具，如头脑风暴法、组合创新法、5W1H分析法、核检表法、六顶帽子法、问题列举法等。这些方法有些是直接引导思维方向的，有些则是帮助教师进行平行思维、系统思维或质疑思维，以发现教学中存在的问题，寻找到异于寻常的解决办法的。

一、头脑风暴法

头脑风暴是指为了解决一个问题或萌发一个好创意，集中一组人来同时思考某事的方式。有点类似于汉语中的"集思广益"。

（一）头脑风暴法的实施流程

头脑风暴法力图通过一定的讨论程序与规则来保证创造性讨论的有效性。从程序上来说，头脑风暴法通常包括以下7个环节。

1.确定议题

在会前确定一个目标，使与会者明确通过这次会议需要解决什么问题，同时不要限制可能的解决方案的范围。

2.会前准备

会前收集一些资料、布置会场等可以使头脑风暴的效率较高，效果较好。

3.确定人选

一般以 8 ～ 12 人为宜，也可略有增减（5 ～ 15 人）。

4.明确分工

要推定 1 名主持人，1 ～ 2 名记录员（秘书）。主持人要在头脑风暴会开始时重申讨论的议题和纪律，在会议进程中启发引导，掌握进程。记录员应将与会者的所有设想都及时编号，简要记录。

5.规定纪律

根据头脑风暴法的原则，可规定几条纪律，如要集中注意力积极投入，不要私下议论，发言要针对目标，与会者之间相互尊重、平等相待，等等。

6.掌握时间

会议时间由主持人掌握，不宜在会前确定。美国创造学家帕内斯指出，会议时间最好安排在 30 ～ 45 分钟之间。

7.会后的设想处理

头脑风暴法的设想处理通常安排在头脑风暴畅谈会的次日进行。在此以前，主持人或记录员（秘书）应设法收集与会者在会后产生的新设想，以便一并进行评价处理。

（二）头脑风暴法的注意事项

1.自由畅谈

参加者不应该受任何条条框框限制，应放松思想，让思维自由驰骋。

2.延迟评判

必须坚持当场不对任何设想作出评价的原则。一切评价和判断都要延迟到会议结束以后才能进行。

3.禁止批评

绝对禁止批评是头脑风暴法应该遵循的一个重要原则。

4.追求数量

头脑风暴会议的目标是获得尽可能多的设想，追求数量是它的首要任务。至于设想的质量问题，自可留到会后的设想处理阶段去解决。

二、组合创新法

巧妙的组合就是创新，组合在创新活动中极为常见并被广泛运用。组合类创新方法的特点就是以组合为核心，把表面看来似乎不相关的事物，有机地结合在一起，合多而一，从而产生意想不到、奇妙新颖的创新成果。

（一）组合创新的原则

（1）组合要有选择性：世界上的事物千千万万，应该选择适当的物品进行组合，不能勉强凑合。

（2）组合要有实用性：通过组合提高效益、增加功能，使事物相互补充，取长补短，和谐一致。例如，将普通卷笔刀、盛屑盒、橡皮组合起来的多功能卷笔刀，不仅能削铅笔，还可以盛废屑、擦掉铅笔写错的字、照镜子，大大增加了卷笔刀的功能，很有实用性。

（3）组合应具创新性：通过组合要使产品内部协调，互相补充，相互适应，更加先进。组合必须具有突出的实质性特点和显著的进步，才具备创新性。

（二）常用的组合创新技术

1.同类组合创新技术

同类组合也称同物组合，就是将若干相同的事物进行自组。比如，双层公共汽车、情侣伞、情侣衫等。

2.异类组合创新技术

异类组合是指将两种或两种以上的不同领域的事物、思想或观念进行组合，产生有价位的新整体。例如，维生素、糖果两者都是客观存在的事物，但是雅客 V9 将二者融合，生产出了"维生素糖果"。

3.主体附加组合创新技术

主体附加组合又称添加法、主体内插式法，是指以某一特定的事物为主体，通过补充、置换或插入新的事物，而得到新的有价值的整体。例如，最初的洗衣机只有搓洗功能，以后增加了喷淋、甩干装置，使洗衣机有了漂洗和烘干功能。

4.重组组合创新技术

重组组合简称重组，是指在同一个事物的不同层次上分解原来的事物或组合，然后再以新的方式重新组合起来。重组组合只改变事物内部各组成部分之间相互位置，从而优化事物的性能。它是在同一事物上施行的，一般不增加新的内容。如传统玩具中的七巧板，就是让孩子们通过一些固定板块、构件的重新组合，创造出千姿百态、形状各异的奇妙世界。

5.综合创新技法

综合是对先进事物、思想、观念等实行融合并用，从而形成新的有价值整体。综合是各类组合的集大成者，是一种更高层次的组合，具有系统性、完整性、全面性和严密性的特点。例如，陈钢、何占豪将传统越剧优美的旋律与交响乐浑厚的表现方式完美结合，奏出了轰动世界的《梁祝》。

三、列举创新法

列举法是运用发散性思维来克服思维定式的一种创造技法。列举法的要点是将研究对象的特点、缺点、希望点罗列出来，提出改进措施，形成有独创性的设想。按照所列举对象的不同，列举法可以分为属性列举法、缺点列举法、希望点列举法和成对列举法。

（一）属性列举法

属性列举法，又称特性列举法、分布改变法，特别适用于老产品的升级换代，其特点是将一种产品的特点列举出来，制成表格，然后再把改善这些特点的事项列成表。属性列举法能保证对问题的所有方面做全面的分析研究。属性列举法的实施包括三个步骤：（1）将物品或事物分为下列三种属性。①名词属性，如全体、部分、材料、制法。②形容词属性，如性质、状态。③动词属性，如功能。（2）进行特征变换。（3）提出新产品构想。

（二）缺点列举法

缺点列举法一般分为如下两个阶段：（1）列举缺点阶段。列举缺点阶段，即召开专家会议，启发大家找出分析对象的缺点。（2）探讨改进政策方案阶段。在这一阶段，会议主持者应启发大家思考存在上述缺点的原因，然后根据原因找到解决的办法。会议结束后，主持者应按照"缺点"、"原因"、"解决办法"和"新方案"等项列成简明的表格，以供下次会议或撰写策略分析报告用，亦可从中选择最佳策略方案。

（三）希望点列举法

希望点列举法是一种不断地提出"希望""怎么样才会更好"等理想和愿望，进而探求解决问题和改善对策的技法。希望点列举法通常包含三个步骤：（1）激发和收集人们的希望；（2）仔细研究人们的希望，以形成"希望点"；（3）以"希望点"为依据，创造新产品以满足人们的希望。

（四）成对列举法

四、5W1H 法

5W1H 分析法（Five Ws and one H）也称六何分析法，是一种思考方法，也可以说是一种创造技法，即对选定的项目、工序或操作，都要从原因（WHY）、对象（WHAT）、地点（WHERE）、时间（WHEN）、人员（WHO）、方法（HOW）六个方面提出问题进行思考。

5W1H 法在实施中有四个技巧：（1）取消。就是看现场能不能排除某道工序，如果可以就取消这道工序。（2）合并。就是看能不能把几道工序合并，尤其是在流水线生产上合并的技巧能立竿见影地改善并提高效率。（3）改变。如上所述，改变一下顺序，改变一下工艺就能提高效率。（4）简化。将复杂的工艺变得简单一点，也能提高效率。无论对何种工作、工序、动作、布局、时间、地点等，都可以运用取消、合并、改变和简化四种技巧进行分析，形成一个新的人、物、场所结合的新概念和新方法。

五、六顶思考帽法

六顶思考帽是英国学者爱德华（Edward de Bono）博士开发的一种思维训练模式，它提供了"平行思维"的工具，能够使人避免将时间浪费在互相争执上。

六顶思考帽，是指使用六种不同颜色的帽子代表六种不同的思维模式。任何人都有能力使用以下六种基本思维模式：（1）白色思考帽。白色是中立而客观的。戴上白色思考帽，人们思考的是反映客观的事实和数据。（2）绿色思考帽。绿色代表茵茵芳草，象征勃勃生机。绿色思考帽寓意创造力和想象力，具有创造性思考、头脑风暴、求异思维等功能。（3）黄色思考帽。黄色代表价值与肯定。戴上黄色思考帽，人们从正面考虑问题，表达乐观的、满怀希望的、建设性的观点。（4）黑色思考帽。戴上黑色思考帽，人们可以运用否定、怀疑、质疑的看法，合乎逻辑地进行批判，尽情发表负面的意见，找出逻辑上的错误。（5）红色思考帽。红色是情感的色彩。戴上红色思考帽，人们可以表现自己的情绪，还可以表达直觉、感受、预感等方面的看法。（6）蓝色思考帽。蓝色思考帽负责控制和调节思维过程，负责控制各种思考帽的使用顺序，规划和管理整个思考过程，并负责做出结论。

六项思考帽法的典型应用步骤包括六个环节：①陈述问题（白帽）；②提出解决问题的方案（绿帽）；③评估该方案的优点（黄帽）；④列举该方案的缺点（黑帽）；⑤对该方案进行直觉判断（红帽）；⑥总结陈述，做出决策（蓝帽）。

帽子的顺序非常重要，六项思考帽不仅仅定义了思维的不同类型，而且定义了思维的流程结构对思考结果的影响。对六项思考帽理解的最大误区就是仅仅把思维分成六个不同颜色。对六项思考帽的应用关键在于使用者用何种方式去排列帽子的顺序，也就是组织思考的流程。

六、奥斯本核检表法

检核表法是美国创造学家奥斯本率先提出的一种创造技法。它几乎适用于任何类型和场合的创造活动，因此被称为"创造技法之母"。这种技法的特点，就是根据需要解决的问题，或需要创造发明的对象，列出有关的问题，然后一个个来核对讨论，以期引发出新的创造性设想来。奥斯本的检核表法是从以下九个方面来进行检核的：①现有的发明有无其他的用途？②现有的发明能否引入其他的创造性设想？③现有的发明可否改变形状、制作方法、颜色、音响、味道？④现有的发明能否扩大使用范围，延长它的寿命？⑤现有的发明可否缩小体积、减轻重量或者分割化小？⑥现有的发明有无替代用品？⑦现有的发明能否更换一下型号，或更换一下顺序？⑧现有的发明是否可以颠倒过来使用？⑨现有的几种发明是否可以组合在一起？自从美国奥斯本的检核表法推出以后，其他国家的创造学家们随之提出了许多种具有各自特色的核检表法。

奥斯本检核表法的基本做法是：首先，选定一个要改进的产品或方案；然后，面对一个需要改进的产品或方案，或者面对一个问题，从不同角度提出一系列的问题，并由此产生大量的思路；最后，根据第二步提出的思路，进行筛选和进一步的思考、完善。

第三节 创造力自测

创造力测试

美国普林斯顿创造才能研究公司总经理、心理学家尤金·劳德塞，根据几年来对善于思考、富有创造力的男女科学家、工程师和企业经理的个性和品质的研究，设计了下面这套简单的试题。

试验者只要 10 分钟的时间，就可知道自己是否具有创造才能。当然，如果你需要慎重考虑一下，适当延长试验时间也不会影响测试效果。试题得分见表 3-5 所列。

试验时，只要在每一句话后面，用一个字母表示你同意或不同意。

（1）同意的用 A，不同意的用 C，拿不准或不知道的用 B。

（2）回答必须准确、忠实，不要猜测。

实验试题：

1. 我不做盲目的事，也就是我总是有的放矢，用正确的步骤来解决每一个具体问题。

2. 我认为，只提出问题而不想获得答案，无疑是浪费时间。

3. 无论什么事情，要我发生兴趣，总比别人困难。

4. 我认为，合乎逻辑的、循序渐进的方法，是解决问题的最好方法。

5. 有时，我在小组里发表的意见，似乎使一些人感到厌烦。

6. 我花费大量时间来考虑别人是怎样看待我的。

7. 做自认为是正确的事情，比力求博得别人的赞同要重要得多。

8. 我不尊重那些做事似乎没有把握的人。

9. 我需要的刺激和兴趣比别人多。

10. 我知道如何在考验面前，保持自己的内心镇静。

11. 我能坚持很长一段时间解决难题。

12. 有时我对事情过于热心。

13. 在无事可做时，我倒常常想出好主意。

14. 在解决问题时，我常常单凭直觉来判断"正确"或"错误"。

15. 在解决问题时，我分析问题较快，而综合所收集的资料较慢。

16. 有时我打破常规去做我原来并未想到要做的事。

17. 我有收藏癖。

18. 幻想促进了我许多重要计划的提出。

19. 我喜欢客观而又理性的人。

20. 如果要我在本职工作之外的两种职业中选择一种，我宁愿当一个实际工作者，而不当探索者。

21. 我能与自己的同事或同行们很好地相处。

22. 我有较高的审美感。

23. 在我的一生中，我一直在追求着名利和地位。

24. 我喜欢坚信自己的结论的人。

25. 灵感与获得成功无关。

26. 争论时，使我感到最高兴的是，原来与我观点不一的人变成了我的朋友。

27. 我更大的兴趣在于提出新的建议，而不在于设法说服别人接受这些建议。

28. 我乐意独自一人整天"深思熟虑"。

29. 我往往避免做那种使我感到低下的工作。

30. 在评价资料时，我觉得资料的来源比其内容更为重要。

31. 我不满意那些不确定和不可预言的事。

32. 我喜欢一门心思苦干的人。

33. 一个人的自尊比得到他人敬慕更为重要。

34. 我觉得那些力求完美的人是不明智的。

35. 我宁愿和大家一起努力工作，而不愿意单独工作。

36. 我喜欢那种对别人产生影响的工作。

37. 在生活中，我经常碰到不能用"正确"或"错误"来加以判断的问题。

38. 对我来说，"各得其所""各在其位"是很重要的。

39. 那些使用古怪和不常用的词语的作家，纯粹是为了炫耀自己。

40. 许多人之所以感到苦恼，是因为他们把事情看得太认真了。

41. 即使遭到不幸、挫折和反对，我仍然能对工作保持原来的精神状态和热情。

42. 想入非非的人是不切实际的。

43. 我对"我不知道的事"比"我知道的事"印象更深刻。

44. 我对"这可能是什么"比"这是什么"更感兴趣。

45. 我经常为自己在无意之中说话伤人而闷闷不乐。

46. 纵使没有报答，我也乐意为新颖的想法而花费大量时间。

47. 我认为,"出主意没什么了不起"这种说法是中肯的。

48. 我不喜欢提出那种显得无知的问题。

49. 一旦任务在肩,即使受到挫折,我也要坚决完成。

50. 从下面描述人物性格的形容词中,挑选出 10 个你认为最能说明你性格的词:

精神饱满的	有说服力的	实事求是	虚心的
观察力敏锐的	谨慎的	束手束脚的	足智多谋的
自高自大的	有主见的	有献身精神的	有独创性的
性急的	高效的	乐意助人的	坚强的
老练的	有克制力的	热情的	时髦的
自信的	不屈不挠的	有远见的	机灵的
好奇的	有组织力的	铁石心肠的	思路清晰的
脾气温顺的	可预言的	拘泥形式的	不拘礼节的
有理解力的	有朝气的	严于律己的	精干的
讲实惠的	嗅觉灵敏的	无畏的	严格的
一丝不苟的	谦逊的	复杂的	漫不经心的
柔顺的	创新的	实干的	泰然自若的
渴求知识的	好交际的	善良的	孤独的
不满足的	易动感情的		

表3-5　试题得分表

序号	A	B	C	序号	A	B	C
1	0	1	2	26	–1	0	2
2	0	1	2	27	2	1	0
3	4	1	0	28	2	0	–1
4	–2	0	3	29	0	1	2
5	2	1	0	30	–2	0	3
6	–1	0	3	31	0	1	2
7	3	0	–1	32	0	1	2
8	0	1	2	33	3	0	–1

序号	A	B	C	序号	A	B	C
9	3	0	-1	34	-1	0	2
10	1	0	3	35	0	1	2
11	4	1	0	36	1	2	3
12	3	0	-1	37	2	1	0
13	2	1	0	38	0	1	2
14	4	0	-2	39	-1	0	2
15	-1	0	2	40	2	1	0
16	2	1	2	41	3	1	0
17	0	1	2	42	-1	0	2
18	3	0	-1	43	2	1	0
19	0	1	2	44	2	1	0
20	0	1	2	45	-1	0	2
21	0	1	2	46	3	2	0
22	3	0	-1	47	0	1	2
23	0	1	2	48	0	1	3
24	-1	0	2	49	3	1	0
25	0	1	3				

50.下列每个形容词得 2 分：

精神饱满的　　观察力敏锐的　　不屈不挠的　　柔顺的　　足智多谋的
有主见的　　有献身精神的　　有独创性的　　感觉灵敏的　无畏的
创新的　　　好奇的　　　　　有朝气的　　　热情的　　严于律己的

下列形容词每个得 1 分：

自信的　　有远见的　　不拘礼节的　　不满足的　　一丝不苟的
虚心的　　机灵的　　　坚强的

其余的得 0 分。

结果解释：

将分数累计起来，分数在：

110—140	创造性非凡。
85—109	创造性很强。
56—84	创造性强。
30—55	创造性一般。
15—29	创造性弱。
−21—14	无创造性。

【参考文献】

[1] 唐殿强.创新能力教程 [M].石家庄：河北科学技术出版社，2005.

[2] 布凌格.聚焦创新 [M].王河新，刘百宁，译.北京：科学出版社，2007.

[3] 罗德·贾金斯.学会创新 [M].肖璐然，译.北京：中国人民大学出版社，2017.

[4] 吴兴华.创新思维方法与训练 [M].广州：中山大学出版社，2019.

[5] 曹福全，丛喜权.创新思维训练 [M].北京：高等教育出版社，2019.

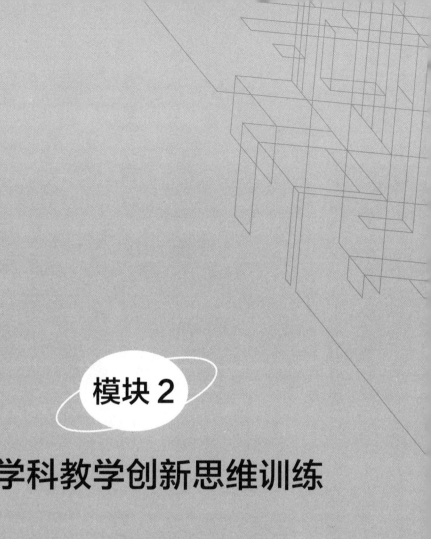

模块 2

中学学科教学创新思维训练

第五章　德育教学中的创新思维训练

【引言】

国无德不兴，人无德不立。德育对中学生形成正确的世界观、人生观、价值观具有关键作用。目前我国中学生的德育创新思维训练中存在内容缺乏针对性、方法陈旧且形式主义等问题。基于此，在中学生德育过程中教师需创设问题情境，激发中学生的问题意识；进行思维启迪，培养中学生的创新思维；开展德育实践活动，提高中学生的创新思维；丰富德育评价机制，激活中学生的创新思维。

【本章要点】
- 德育教学中创新思维训练的现状
- 德育教学中创新思维训练的方法和策略
- 德育教学中创新思维训练的案例

第一节 德育教学中创新思维训练的现状

在全球化、知识化、信息化的时代背景下，中外文化和价值观相互碰撞，高速、海量和多元的信息传播和获取对传统德育造成了前所未有的冲击。新时代学校德育工作应必须应对新形势下的新变化，针对中学生人生观、价值观和世界观日趋多元化和复杂化的具体情况，着重培养中学生在道德养成中的创新思维，使得德育工作焕发出新的活力与价值。

一、当代中学生思想状况的现状分析

通过对全国范围内中学生的抽样调查，我们对当前中学生的思想政治状况有了基本判断：中学生把家庭亲情、友谊、人格名誉、健康、爱情排在人生追求的前五位；中学生的学习目的首先是为自己，其次是为父母和为国家；中学生最想从事的职业多具有收入高、稳定、社会地位高的特点；中学生最崇拜的偶像中娱乐明星名列首位；当代中学生对中国特色社会主义和共产主义的信仰占主导；中学生认为个人努力等内在因素是获得成功的最重要的因素；四成多中学生对自己的未来感到迷茫；中学生对国家的认同度很高，对党员、团员的先锋模范作用的认同度不够高；近半数中学生有当学生干部的愿望，他们更认可当学生干部对自身能力的锻炼作用；多数中学生赞同用投票选举的方式产生班干部，具有较强的民主意识。当代中学生的世界观基本是唯物的、科学的。可见，当代中学生认同社会主义核心价值观念，具有较强的国家意识和爱国精神。但是，由于他们是伴随着国家经济飞速发展而成长起来的一代，他们在继承和发扬中华民族传统道德观念和国家主流价值观的同时，其思想价值取向也呈现出多元化、个人化和功利化的倾向。比如，在现实与理想发生矛盾时，他们相对倾向于服从社会现实而放弃理想、信念，注重强调个人利益至上的个性化发展；在对待班级事物的态度上更多的是取决于工作是否符合自己的兴趣，责任意识比较淡漠；对社会公德和社会行为规范有比较清晰的认识与认同，对社会道德现象有一定的辨别能力，但在实践中还存在"知行分离"的道德认知和道德行为不一致的现象，等等。

二、中学生德育工作中创新思维训练存在的不足

从 20 世纪 80 年代开始，中国就步入了一个全面深刻的以现代化、全球化

为根本特征的变革时代。我们目前的德育理论、运作模式与现代化需求还不完全适应，学校德育仍不能回应现代社会开放和价值多元的事实，不能满足现代社会对创新精神和创新能力的需要，导致德育实效性在某些学校处于未被激活的状态。其问题集中表现在如下几个方面。

（一）德育内容缺少针对性，束缚了中学生的创新思维

不同时期的中学生有不同的个性特点和心理需要，其思想状态指向不同的聚焦点。德育教育必须因时制宜、因人而异。把握了这一点，中学生的思想教育才能取得真正的实效。近年来，我国学校德育只注重了德育的导向性，缺乏针对不同年龄、不同道德需要的中学生应有的适切性，存在德育目标过高而不切实际，德育内容未能贴近中学生的思想品德基础和社会生活等问题。比如，有些学校举办的道德教育知识竞赛，虽然内容涉及共产主义、社会主义、爱国主义和集体主义等，但活动的形式和方法却不符合中学生的年龄特点、认知水平、学习风格和生活经验，整个活动空洞无趣，无法激发兴趣。因此，中学生思维不为所动，体验不为所生，情感不为所兴。德育内容缺乏针对性，就无法在德育中激活中学生的创新思维。

（二）德育方法陈旧，抑制了中学生的创新思维

受我国传统教育的影响，如今部分学校还在沿用"填鸭式"教学法和惩罚性教育进行德育工作，而且习惯性地仍把德育模式理解为一种固定不变的单一模式，将德育模式固化，使学校的德育模式墨守成规。这种德育教育无法深入中学生思想，是一种僵化的教育方式。它无视中学生的兴趣和需要，与生活实践相距甚远，无法获得中学生发自内心的认同，窒息了中学生的自主性和创造性，抑制了中学生创新思维的发展，其结果就是难以达到德育应有的效果。简而言之，"人在灌输中不见了"。

（三）德育活动中的形式主义较为明显，禁锢了中学生的创新思维

学校在德育活动的设计和组织上，常常只关心是否组织了规定的活动，较少深层次考虑德育本身的规律要求，更不考虑如何从中学生现有的品德水平和品德需求出发，去启迪他们在道德体悟中发展创新思维。这使得德育活动流于形式，缺乏感召力。这种以教师为权威、以书本为中心的强调统一性的德育工作，不能满足中学生的个性心理需求，使得其探索精神得不到激励、创新思维

得不到激发，反而具有创造活力的创新思维还会受到形式主义的禁锢，从而让中学生变得不愿独立思考与钻研，不愿求新、求异、求变。

第二节　德育教学中创新思维训练的方法和策略

中学生的创新思维并非是与生俱来的，必须通过专门的训练和开发，才能使之不断激活和发展。目前，中学在各学科教学中都已开展了对学生学科创新思维的培养工作，但在德育教学中仍没有对中学生创新思维的开发给予必要的重视。结合目前德育中创新思维训练存在的问题，有以下德育创新思维训练的方法和策略。

一、创设问题情境，激发中学生的问题意识

好的问题能诱发学习动机，启迪思维，激发求知欲和探究精神。中学生的创造性思维往往是遇到要解决的问题而引发的。将德育过程设计成一个不断发现问题、分析问题、解决问题、反思问题的动态循环过程，中学生就会在问题情境中产生一种困惑、好奇、探究的心理状态，这种心理状态会驱使中学生进行积极深入的思考，不断提出解决问题的方案，从而使创新思维得到训练。因此，在德育中精心创设问题情境是培养中学生创新思维的必要途径之一。

二、进行思维启迪，培养中学生的创新思维

开发中学生的创新思维，应当是德育教学改革的中心环节。德育教学要激发而不是束缚中学生的想象力和创造力，要去除而不是强化中学生思维中的惰性、固化性和保守性，要弘扬而不是遏制中学生的主体意识、批判思想和创新精神。传统的道德教育方式要求中学生无条件地接纳和认同既定的道德规范，这在本质上是一种"顺从服从"的教。在信息社会中成长的中学生，他们接受的信息量大且多元丰富，"顺从服从"的德育形式早已过时，这就迫切要求我们建构一种主体式、参与式、灵活式和创造式的"学会选择与判断"的德育模式。

三、开展德育实践活动，提高中学生的创新思维

人对事物本质的认识要通过实践—认识—再实践—再认识的循环往复过程。引导中学生提高道德修养，最根本的途径在于实践。德育教师应该注重活

动育人，组织开展各种德育实践活动，将课堂德育教学与课外德育实践活动联合起来，讲做结合、做思结合。中学生通过积极参与各种实践活动，能够增强道德意志，形成积极的道德情感，最终实现道德认知和道德行为的一致。中学生德育实践的过程就是中学生在实践中积极思维、创造性地解决问题的过程，是对德育内容的内化、转化、外化和创造的过程。通过德育实践，中学生既能形成技能，又能培养兴趣，还能发展观察、想象、思维和创造能力。中学生在各种实践活动中要时刻规范自己的行为举止，做到自身行为表现与法律规范和传统文化保持一致，学会理性地处理人际关系，正确地践行伦理道德、社会公德和美德。

四、丰富德育评价机制，激活中学生的创新思维

德育评价是检验德育成果，了解中学生德育成效的重要依据。以往的德育评价更多的是关注分数和单一标准，体现终结性评价的思想。而完善德育评价机制，重点在于体现多元性、形成性和发展性评价的思想。德育评价要以促进中学生道德发展为目的，以鼓励中学生创新为导向，把对中学生创新性的、形式多样的德育学习成果作为评价的中心。评价的标准体现个性化与标准化的统一，评价方法体现多样化与规定化的统一，淡化结果，注重过程，注重发展。注重过程就是要注重对德育过程中学生的思维过程、思维方法和思维形态的评价，注重对中学生参与程度及卷入程度的评价；注重发展就是要注重中学生的变化和进步，注重个体内在差异评价，引导中学生向更高层次的道德水平迈进。只有这样的德育评价机制，才能帮助中学生在提高道德水平的同时，发展创新思维和创新能力。

第三节　德育教学中创新思维训练的案例

案例一：法治与我同行

【案例背景】

法治意识，是道德与法治课的核心之一。法治意识素养，主要包括了法治认知素养、法治思维素养、法治信仰素养三个方面。发展学生法治意识这一核心素养，是道德与法治课的目标要求，也是学生身心健康成长的必要条件。在

初中道德与法治课教学中对学生的法治意识进行培育，有利于依法治国目标的实现，促进法治社会的建设，呵护学生的健康成长，让学生拥有法治意识这一道德与法治学科必备的核心素养，懂得遵法守法。

【案例主题】

无法不自由

【案例描述】

课前 5 分钟，同学们纷纷走进多媒体教室，分组坐好。各个小组长对他们的导学案作业进行检查和批改。上课铃声响起，正式上课。

一、导入新课

屏幕展示学生相当熟悉的社会主义核心价值观。

老师：社会主义核心价值观大家都很熟悉，那有哪位同学能说说平等和法治有什么内在联系呢？

学生露出了疑惑的深情。课室里，学生小声地嘀咕着：老师平时只是让我们记住这 12 个词，却没有告诉我们内在联系。

正因为不懂，课堂教学由此展开。

二、活动导学

老师：同学们，你渴望自由吗？你所理解的自由是怎么样的？

学生都说渴望自由，然后从自己的认知角度谈了对自由的理解。教师进行了肯定和鼓励。

老师在屏幕上展示风筝的图片。

老师：风筝挣脱了线的约束。满心欢喜的它来不及拥抱蓝天，就一头栽了下来，再也无法飞了。同学们，你们想到了什么？

学生很直观地得出结论：自由是有限制的、相对的。教师进行简单点拨。

三、教学小结

增强公民的法治理念，培养公民良好的法治思维习惯是推进依法治国进程的关键。公民的法律素养高低，是衡量一个国家、一个民族、一个社会文明程度的重要标准。

十八届四中全会《中共中央关于全面推进依法治国若干重大问题的决定》指出："法律的权威源自人民的内心拥护和真诚信仰。人民权益要靠法律保障，法律权威要靠人民维护。必须弘扬社会主义法治精神，建设社会主义法治文化，增强全社会厉行法治的积极性和主动性，形成守法光荣、违法可耻的社会氛围，使全体人民都成为社会主义法治的忠实崇尚者，自觉遵守者、坚定捍卫者。"

学法，就是让公民掌握法律，学习法律常识、知识，学习法治思维，增强法治理念，遵法、守法。目前，法治教育应该从小学生抓起，让法进课堂，开办法治课，从小就让学生掌握法律知识，打上法律烙印，养成法治思维习惯。党员干部更要带头学法，做学习法律的模范，起到带动人们学法的积极作用，引领老百姓树立正确的法治理念，形成崇尚法律、敬畏法律、遵守法律的良好社会风气。

用法，就是让公民驾驭法律。法律，是修身、齐家、治国、平天下的重器。没有规矩，不成方圆。没有法律，不成社会。普法、学法的最终目的是用法，即学会在各种各样的事物中运用法律思考和解决问题，小到修身、齐家，大到治国、平天下。有法、守法，天下太平，无法、违法，天下打乱。教育引导公民在日常学习、工作、生活中，运用法治思维思考问题、处理问题，提高自己的用法水平，这是依法治国的根本目的，也是推进依法治国进程的关键。

作业：根据本节课所学知识，以"自由与规则"为主题做一期手抄报。

【结果与反思】

这节课要探讨的是法治与自由的关系，由于学生熟背社会主义核心价值观的法治与自由这两个词语而不理解两者的关系，因此这节课的知识处在学生知识结构的"最近发展区"，符合学习理论。

案例原作者信息：钟雪坤　江门市蓬江区紫茶中学

案例一点评：本案例中，教师采用案例教学，运用谈话法，引发学生对法治与自由问题的思考，培养学生的思维能力，并通过小组讨论的方式，让学生畅所欲言、发表不同观点，引导学生的发散性思维，培养学生的创新性思维。"无法治不自由"教学案例对中学德育课创新思维训练有着借鉴意义。

案例二："享受学习"创新思维教学案例

【案例背景】

人的行为是由动机和效果构成的。我们做每件事情都应该理智地看到自己的动机是什么，然后由这种强烈的内心情感引导我们的行为发生，并产生其所带来的效果。

如果要说学生的学习动机是学习过程的核心，其实也不为过。从马克思主义的认识论来说，动机属于人的意识，而人的意识是由物质决定的，但对物质具有能动的反作用。好的意识（学习动机）对学生的学习、发展有好的促进作用；相反，不好的意识（学习动机）对学生的学习、发展有着阻碍作用。把动机理解为核心，也是由于看到了意识对物质的反作用，看重意识对人类改造世界的行为发生的作用。

【案例主题】

学习是乐大于苦，还是苦大于乐？

【案例描述】

辩论主题以"学习是乐大于苦，还是苦大于乐"进行展开。

1. 全班同学由中间座位隔开分成两大组，分别持正反两方观点。

2. 组员合作讨论，五分钟后开始进行辩论，每一位同学都可以是辩手。正式辩论时间为 10 分钟。

3. 辩论开始，正方先发言，反方进行反驳，再由正方反驳，双方轮流交替，每次由一位辩手发言。

4. 发言选手在对方发言完毕后举手，教师示意后站起来回答，结合实际或具体事例阐明、论证观点。

5. 教师进行点拨总结。学习中有快乐，也有辛苦，学习是苦乐交织的。学习是一个多方面的过程，当我们经历了学习的辛苦，收获学习的成果时，那种发自内心的愉悦让我们体验到学习的美好，是学习过程带给我们的美妙享受。

【结果与反思】

纵观整个辩论赛教学环节，学生参与的热情很高，课堂气氛很活跃，学生的发言也有精彩之处。在这节课上，教师说得很少，只起到一个组织管理和点拨总结的作用，学生的主体作用得到了充分的体现，这与传统的道德与法治的课堂教学有很大的区别。按照以往的课堂经验，课前的自主预习是由学生自己阅读教材，学生有没有读懂教材，需要教师上完整堂课，在课堂知识总结提问或习题巩固提高的时候才能进行评估。本次课堂引入"辩论赛"，采用了翻转课堂的教学模式，让学生在共同探索中实现知识内化。这种先学后教的教学理念，真正做到了以学生为中心。教师应该侧重培养学生的学习能力，这样才能为他们以后的人生发展奠定基础，才更有利于学生的终身学习。但教学总是一门遗憾的艺术，学生学习能力的养成不是一蹴而就的。在辩论过程中，不少学生也暴露出了其能力上的不足，比如：口头表达能力、发言的针对性、讲话的仪态等。另外，由于是班级授课制，课堂受到时间、空间的局限，并不能让每个学生都能参与进来辩驳发言，使得有一部分学生只能充当看客。当下课铃声响起，我问同学们这节课有没有收获，学生们都说很喜欢辩论赛的教学形式。在同学们的热情之余，我不禁扪心自问：为什么学生喜欢这样的课堂形式？因为这样的学习方式是以学生为主体，以学生的潜能激发为前提，使得同学们也自然而然地参与到课堂学习中来。

学生自觉地进入学习、探究的专注状态，会觉得学习不仅是乐事，而且会在学习中发现自己的价值，会把通过学习、探索当成实现其价值的手段。因此，实现情感、态度与价值观目标会使学生欣然进入学习之境。如果着眼于长远，在新课程课堂上培养的健康积极的情感、正确的人生态度以及明确的价值观，会成为学生日后人生道路上的动力、方向盘，为学生的一生奠定坚实的基础。

案例原作者信息：钟振慧　开平市金山中学

案例二点评："享受学习"是主题辩论赛的教学案例。本案例中，教师采用"学习是乐大于苦，还是苦大于乐"这一此议题引导正反方进行辩论，让学生明确学习中有快乐和辛苦，即学习是苦乐交织的。辩论需要学生搜集材料、分析材料、组织材料，有利于学生逻辑思维能力的培养。在辩论过程中，对方提出的观点和材料，己方需要进行辩驳，这有利于批判性思维的培养。因此，"享受学习"对德育课创新思维训练有着帮助作用。

【参考文献】

[1]　陈志科.当前中学生思想政治状况的基本判断—基于 2011 年全国中学生思想政治状况的调查与分析 [J].教育科学，2013，29（3）：53–59.

[2]　张辉，曲士英.构建开发大学生创新思维的德育教学新模式 [J].齐齐哈尔大学学报(哲学社会科学版)，2003（3）：52–54.

[3]　范美琴.基于核心素养的初中生法制意识的培育 [J].新课程，2019（8）：10.

第六章　语文教学中的创新思维训练

【引言】

　　语文学科是一门学习语言文字运用的综合性、实践性学科，其特点是工具性与人文性的统一。在语文教学中培养学生的创造力和创新思维需要更新语文教学理念，需要师生建立平等对话的学习共同体以营造有利于创新思维训练的良好氛围，在此基础上，以语言学习为中心，努力开发合适的创新思维训练点，注重创新思维方法的训练，建设有效的"创新思维型"语文课堂。

【本章要点】

● 语文教学中创新思维训练的现状
● 语文教学中创新思维训练的方法和策略
● 语文教学中创新思维训练的案例

第一节　语文教学中创新思维训练的现状

　　语文学习，本质上就是一种语言学习，而语言与思维，又具有非常密切的关系。语言是思维的物质外壳，是思维的直接现实，反过来，思维的品质又决定了语言的厚度和广度。因此，语文学科不仅是语言学科，也是思维学科。中国著名的语文教育家叶圣陶先生在提到语文学习与思维时这样说过："语文学科是语言和思维的辩证统一。"中国语文教育的奠基者朱绍禹先生谈到语文学科和思维的关系时这样说："语文学科是语言学科也是思维学科。"因此，语文学科的学习是语言学习与发展思维的辩证统一。《普通高中语文课程标准》（2017年版 2020 修订）在学科核心素养之"思维发展与提升"中指出："思维发展与提升是指学生在语文学习过程中，通过语言运用，获得直觉思维、形象思维、逻辑思维、辩证思维和创造思维的发展，促进深刻性、敏捷性、灵活性、批判性和独创性等思维品质的提升。"

　　语文作为一门基础学科，在培养学生创新思维、创新精神这一方面担负着特别的责任，也是培养创新思维的重要途径。创新思维也叫创造性思维，是指"以解决科学或艺术研究中所提出的疑难为前提，用独特新颖的思维方法，创造出有社会价值的新观点、新理论、新知识、新方法等的心理过程"。创造性思维是多种思维能力的综合，主要包括发散思维、聚合思维、直觉思维、灵感思维、抽象和想象思维、发现问题的能力等。从语言与思维的关系来讲，语文学科是培养学生创造性思维的主要学科。

　　吕叔湘先生在 1978 年 3 月 16 日的《人民日报》上写文章批评我们中小学语文教学"少、慢、差、费，十年的时间，两千七百多课时用来学本国语文，却又大多数不过关，岂非咄咄怪事"。这个著名的"吕叔湘之问"，距今已有四十多年的时间，其间语文教育经过多轮次改革，尤其是 21 世纪以来的新课改取得了很大的成绩，但相较于其他学科，语文教育教学的满意度仍然偏低，"少、慢、差、费"的教学痼疾依然未能根本扭转，其表现之一就是语文课堂教学中的思维训练不足，尤其是创新思维训练不足。其主要表现如下：

　　（1）在教学内容上，语文课堂教学重语言分析、情感熏陶，课堂教学未能深入思维层面，忽略甚至没有进行创新思维训练的具体内容；

（2）在教学方法上，语文课堂教学重教师讲解、学生被动接受（即使有课堂讨论，也多流于形式），忽略甚至取消了学生进行创新思维训练的过程与机会；

（3）在教学评价上，唯分数论、标准答案（唯一答案）依然大行其道，这严重抑制了语文课堂教学中师生进行创新思维训练的积极性，严重制约了创新思维训练的课堂空间。

究其原因，主要在于以下几点：

（1）现行的教学管理和评价体系不够合理。现代语文课程自建立以来，为了追求效率，一直以班级授课制为主，教师讲解、学生听讲一直是主要的教学方式，沿袭日久，导致语文教学长期以知识的讲解为主。教师在这一过程中占据主导地位，具有知识上的权威性，学生习惯于听从教师的讲解、分析，导致教师、学生的创新动力不足。另外，学校教学评价唯分数论、智力至上的观念还未破除，导致教师重教学的结果而忽略学习的过程，其结果就是语文课堂教学中创新思维训练机制未能建立。

（2）现行的语文课堂教学理念不够合理。尽管语文课程标准力主在语文教学中进行思维训练，但落实在具体的每一个语文老师、每一节语文课上，其表现却不尽如人意。有的老师认为创新思维训练是其他学科（尤其是数学、物理、化学）的事，"与己无关"，语文学科是人文学科，应该强调积累，不用创新；有的老师秉持"师道尊严"，不愿与学生平等对话，以老师之分析、结论，排斥、否定、压抑学生的其他分析与思考，使得课堂失去了创新思维训练的氛围；还有的老师，虽然意识到在语文课堂教学中进行创新思维训练的必要性、重要性，却欠缺必要的创新思维训练的理论、方法，也就没有了在语文课堂上组织学生进行创新思维训练的能力。

（3）现行的语文课堂教学内容开发不够合理。语文学科的一大特点是"教材内容"不等于"教学内容"，语文老师也不能够"教教材"，应该"用教材来教"，要根据"教材内容"来开发合适的"教学内容"。这一"开发过程"需要语文教师多方面的知识、能力来支撑，当教师的知识、能力不足时，"教学内容"的开发要么停留在表面，要么出现错误，而从语文教材表面的语言、思想、情感内容开发出合理、合适的创新思维训练内容，难度很大，部分语文课堂未能实现这一目标，导致教师在语文课堂上不能很好地进行创新思维训练。

第二节　语文教学中创新思维训练的方法和策略

基于以上分析，我们要在语文教学中有效地进行创新思维训练，就应该进行多方面的改革，如改革我们的教育管理制度、教育评价制度（2020年10月13日，中共中央、国务院印发了《深化新时代教育评价改革总体方案》就是一个积极的信号），更新我们的语文课堂教学理念。只有进行系统性变革，语文教学中的创新思维训练才能够真正落到实处。

在这些变革的基础上，围绕语文教学中的语言学习，我们可以采取如下进行创新思维训练的策略与方法。

一、在师生平等、对话的基础上，建立语文学习共同体

要营造有益于创新思维训练的良好教学氛围，其前提是破除教师中心论、教师权威论。语文教师要改变传统的教师角色认知，要从语文知识的灌输者变成学生语文学习的帮助者、引导者，要以学生的语文学习为中心、为目标，建立起合作、互信的新型师生关系，让学生能够大胆发表自己的意见和看法，尊重学生在语文学习中的独特体验和个性化表现。在此过程中，师生都要建立起强烈的创新思维训练意识。

二、在教学内容上，语文教师要依据教材、学情，开发出合适的创新思维训练点

教师要研究教材，从语言表层深入下去，去发现教材中隐含的、适合进行创新思维训练的语言材料，然后精心设计创新思维训练的目标、过程，以求得最好的训练效果。如：在阅读教学中，教师可以以课文内容、形式的统一关系为创新思维的训练点，要让学生不仅思考这篇课文"写了什么"，更要让学生思考课文"是怎么写的""为什么这样写"等问题，更进一步还可以思考"还有更好的写法吗"等问题；在写作教学中，可以以"材料的取舍""思考的深度"等问题作为创新思维训练点，如"材料的取舍"可以让学生思考"为什么要做这样的取舍""有没有更好的取舍选择"等问题，"思考的深度"可以让学生思考"关于这个问题，一般人会想到哪一层""如何更进一层""能不能再进一层"等问题。当然，面对不同的教材内容和不同的学情，创新思维训练点也是多种多样的。

三、在教学过程中，注重创新思维方法的训练，努力建设"创新思维型"语文课堂

具体来说，教师在语文课堂教学中，要做到四个"鼓励"：

（1）鼓励学生大胆质疑、问难，以培养学生发现问题、提出问题的能力。提不出问题（"没有问题"）是部分中国学生的通病，其背后的逻辑则是视一切为"理所当然"，这样的思维习惯，是难以进行创新思维训练的，因此创新思维训练的起点，就是能够质疑，能够发现、提出问题。教师首先要鼓励学生提出问题，其次还要教给学生进行质疑、提问的方法，尤其是教给学生进行"学科专业性"提问的方法。语文教学内容驳杂而丰富，其学科本体性教学内容在于"语言表达"即"工具性"上，因此，对于言语形式方面的质疑、问难，就比言语内容方面的质疑、问难，要有益得多。

（2）鼓励学生进行创造性想象，以培养学生丰富、灵动的想象能力。语言是抽象的符号，汉字又是形音义的结合体，汉字组成的语言材料能够表现人类丰富的思想与情感，里面包含有很多能够刺激学生进行想象的元素。尤其是语文教材中的一篇篇课文，文中有很多"留白"，还有丰富的潜台词，以及与之匹配的插图，都是能够让学生进行创造性想象的对象。语文教师应该充分挖掘这些想象训练点，在教学过程中进行适当的想象训练。

（3）鼓励学生努力发展求异思维，以培养学生逆向思考、多角度思考的能力。求异思维是创造性思维的一种，在语文教学中，多指从现成的、已有的思路、结论之外去寻找新的思路与方法，多表现为逆向思考或者多角度思考。

（4）鼓励学生多比较、多分析，以培养学生进行鉴别、思辨的能力。比较是人类基本的思维方式，而语言表达的效果，往往体现在细微的差别上。在语文教学中，学生要在大量读、写的基础上，多比较、多分析，以形成良好的语感，培养出良好的思辨能力。在进行比较分析时，学生要找准"比较点"，可列表格比较（写），可朗读比较（读），可口说耳听比较（听、说）；可以进行言语内容的比较，也可进行言语形式的比较。

四、在创新思维训练的目的和效果上，要突出创新思维训练的学科专业性

语文学科的性质是工具性与人文性的统一，其本质是语言（母语）学习，相较于其他学科，它的创新思维训练应该有自己的目的和特点。如，语文教学中的重头戏阅读教学，让学生面对一篇篇文章（文学作品），或长或短，是言

语内容和言语形式的统一。从言语内容上来说，教学要训练学生的归纳、概括能力；从言语形式来说，教学要训练学生的推理及分析能力。对于课文中的人、事、景、情，学生能否用规定字数的一段文字进行缩写，或者提取出几个关键词？或者用一句话、一个词语进行归纳、概括？对于课文中的语言空白或意味深长、含义丰富的潜台词，能否做出合理的推理与解释？对于很有特点的语言表达，能否进行深入的语言分析？一句话，创新思维训练必须紧紧地围绕"语言学习"来进行，否则就成了为创新思维训练而训练了。另外，在语文教学中，要特别突出学生语感的培养，它属于直觉思维，也是创新思维的一种。语感是一种良好的语言感觉，背后支撑它的是思维的精细和准确，它的形成，依赖于语文课堂内外大量的、长期的听说读写训练。

语文教学中有丰富的创新思维训练材料，我们只要找到合适的创新思维训练点，并开发出合理的训练内容、训练形式，就一定能够实现有效的创新思维训练。

第三节　语文教学中创新思维训练的案例

案例一：《愚公移山》创新思维教学案例

【案例背景】

在教学过程中，我们发现，初二学生虽然已经有一年多的文言文学习和积累，但在解决课内文言内容的理解选择题和课外文言内容的分析问答题上，依旧不能准确、全面地完成作答。因此，初中文言文教学在完成字词疏通和内容梳理的第一课时后，还需要有一节专门分析文本内容和中心思想的提升课。

【案例主题】

（1）《愚公移山》是一篇寓言，内容以人物活动为主，教师应先把人物分出主次，然后着重分析愚公移山的故事线，通过重点字词的解读分析，让学生明确愚公移山的"难"。

（2）明确愚公移山的"难"后，教师接着分析次要人物，从表现、称呼、语气、能力认知、情感态度等方面入手，结合智叟和妻子、愚公和智叟的对比朗读，让学生从文本分析和诵读感知上体会本则寓言的核心寓意。

【案例描述】

本节课为《愚公移山》的第二课时，教师先用课堂前5分钟完成一个学生的自我检测练习，检查学生第一课时对文章字词和内容的掌握程度，确保本节课无须再为字词和浅显的内容分出时间，能够专心解决文本内容理解和中心思想提炼的难点。

完成自我检测后，教师先给学生呈现一幅移山图，图中山高绵延，占据图画的绝大部分，移山的人们相比于高山而言非常渺小，并且丝毫看不出高山有任何因人力而造成残缺的部分。

教学片段一

师：大家都已经很好地掌握了文章的字义、词义，我们在进一步理解文章前，先来欣赏一幅图，然后告诉老师，这幅图里有什么物象？

生：山，山林，还有几个小人儿。

师：大家看得很快，也很准确，但为什么说"山"的时候毫不犹疑，说"小人儿"的时候却稍迟了一些？

生：山很明显，但那些人在图的下方，很小，看了一会儿才发现。

师：没错，那些人相比于这座高山来说，太小了。虽然小，但大家再仔细看看，他们在干什么？

生：在挖土。

师：是的，他们手上拿着铁锹，旁边还有筐子，是在挖土，这就是我们上一节课讲到的愚公移山。从这幅图上看，大家觉得这个移山的任务，他们什么时候能完成？

生：几百年，上千年可能都无法完成。

师：大家各有各的想法，但都有个共同特点，这是不是一个能够轻易完成的任务？

生：不是，很困难。

师：没错，我们在深入学习这则寓言前，必须明确一点，即移山是非常"难"的。

给学生建立了"移山难"的印象后，我们回到文本中，让学生在这个印象还未消退前，在文本中找出能表现"移山难"的字眼，让他们从文字角度感受移山这个任务的艰巨，对"移山难"有更进一步的认识。这个认识在最后学生推断文章寓意时，能起到启发和引导的作用。

教学片段二

师：刚刚我们从视图的角度得出了"移山难"的结论，现在我们顺着这个思路，大家再去默读一遍文本，试着找一找，哪些字眼能证明我们这个"移山难"的结论？

生：方七百里，高万仞。

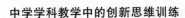

师：大家找得很快，这一句很准确地还原了刚刚图片里的高山特点，连绵不断，高耸入云，这里还使用了什么修辞手法？

生：夸张。

师：是的，山已经很高了，为什么还要特地使用夸张？

生：山越高，移山的难度越大。

师：非常好，这座山不是一般的高。作者运用夸张的手法，极力渲染了移山的难度之大。除了这里，大家继续找一找，尝试从不同角度去挖掘移山的困难。

生（各抒己见）：年且九十，箕畚运于渤海之尾，荷担者三夫、始龀跳往助之，寒暑易节，始一反焉。

师：大家找了很多，基本都证明了"移山之难"。愚公的年纪大了，无法长时间坚持这个工作；愚公他们所使用的器具也过于简陋，无法快速完成任务；只有三个壮丁，连小孩子都加入了；路途也很遥远，往返的时间太长了。这一系列困难都比刚刚视觉上的困难更加切实贴近愚公面临的境况，也给了我们一种直观的感觉，这项任务，愚公能够完成吗？

生：愚公几乎无法完成，他年纪太大了，没有好的工具和足够的帮手，这是一项不可能完成的任务。

教学片段三

师：经过大家的共同寻找和分析，我们基本得出了结论，愚公移山是不可能完成的任务，连我们都意识到了，难道愚公身边的人就没有劝阻或反对他的吗？

生：有，他的妻子和智叟。

师：对，这两人是文章里着墨次于愚公的人物，老师现在给大家几个角度，请大家从人物表现、对愚公的称呼、说话语气、对愚公的能力认知和情感态度5个角度分析妻子和智叟两个人物，完成下面的表格（见表6-1所列）。

表6-1　愚公妻子和智叟的对比分析

	人物	表现	称呼	语气	能力认知	情感态度
愚公移山	其妻	献疑	君	曾	损魁父之丘	疑惑 担心 关心
	智叟	笑止住	汝	曾其	残年 毁山之一毛	反对 不屑

师：大家都完成得不错，我们根据这个表格，请两位同学来读一读这两个人物所说的话，尽可能把两人的不同读出来。

（学生朗读）

师：文章学到这里，愚公的形象已经分析出来了，故事是不是可以结束了？

生：不行，故事的结局还没有交代。

师：是的，文章最后交代了夸娥氏二子移走高山的结局，这里加入了具有神话色彩的内容，是不是削弱了愚公的作用？

生：不是，没有愚公，就不会感动上天，派来夸娥氏二子。

师：大家说得没错，愚公是关键人物，如果没有他发起移山这个举动，就不会有成功一天，因此，我们如果想让生活有所改变，就要做些什么？

生（各抒己见）：要敢于挑战，要坚持不懈，要长远地思考问题。

师：是的，大家已经对这篇文章的寓意有了自己的认识，日后当我们再遇到一篇全新的文言文时，除了读懂词义，了解人物，还要学会通过抓住文章的线索字词和主次人物活动，进一步推理出文章的中心思想。

【结果与反思】

上述三个片段为《愚公移山》第二课时的主要内容，整体而言，学生能够顺着老师的思路去剖析文本，从最初的印象设立，到文本词句的佐证，再进入主次人物的形象分析，最后引出寓言的核心寓意，老师基本能在学生的回答中找到进一步剖析文本的关键信息，这也是学生自我思考的生成。通过这一节课的教学，学生基本掌握了通过主次人物形象分析来推断文章中心思想的方法，这对人物传记类文言的解读有很大帮助。

不足之处在于本堂课多以老师反复引导为主，形式略显单一，学生由于文言字词积累有限，虽然可以通过整体感知了解人物的部分形象，从而获得一些答题的角度，但对于关键字词句的把握较弱，以至于剖析结果不够完整。

案例原作者信息：佛山市南海外国语学校　李琨

案例一点评

这个文言文教学课例，很注重学生创新思维的发展，是思维训练的一个优质课例。其优点如下：

第一，特别注重辩证思维的发展。纵览整个教学过程，由教师拿出图片开始，结合课文中的语言文字，得出"愚公不可能完成移山的目标"的结论。在案例的后半部分，教师带着学生做逆向分析（实质上是一种逆向思维训练），去分析愚公移山的决心、好处和其他有利条件，再结合文章的神话式结局，完成一种结论上的逆转。这个逆转的过程分析，充满了辩证式思维，愚公的形象也逐渐清晰、高大起来，也就达到了对文章主旨进行剖析的教学目的。从否定开始的结论，最后得出肯定的结论，学生的逆向思维、辩证思维在此过程中得到了有效锻炼。

第二，在教学细节处理上，注重对比分析。两个次要人物，愚公妻子和智叟，最开始都站在愚公的对立面，但其立场、态度、对愚公的称谓、语气语调等都有差异。教师在教学过程中，以表格的形式，带着学生分析二者的差异，甚至分析一些具体、细微的差异。这种对比分析，不仅有助于学生认识愚公妻子、智叟两个人物形象，而且有助于学生认识愚公的伟大，如愚公目标的长远、立场的坚定等。这个对比分析，没有脱离课文，相反是紧紧围绕课文的语句和具体内容，因此学生自然能够有真切的体会与感受。对比角度的选择，对比方法的运用，都能够让学生获得良好的创新思维训练。

第三，整个教学过程，以语言学习为中心，把形象思维训练与逻辑思维训练紧密结合在一起。教师带着学生，以语言学习为切入口，通过分析人物语言、行为，去感受人物形象，在此基础上进入深层次的逻辑分析，去思考人物外在表现的心理逻辑。从感性到理性，学生思维逐渐清晰，体现出了思维训练的有效过程性。

当然，这个课例还有很多优点，如教学目标定位准确、教学思路清晰等，其背后隐含着的是教学者优良的思维素质。

案例二：《范进中举》创新思维教学案例

【案例背景】

金山中学是一所省一级学校，授课所在的九（12）班是一个气氛轻松活跃、思维呈现高质量的班级。这是一堂普通的阅读教学课。

【案例主题】

在《范进中举》片段中，作者笔下的胡屠户形象发人深思。然而学生对小说中所写的封建社会制度的黑暗了解不深，而本案例为《范进中举》第二课时，希望通过本课时的学习，学生能抓住胡屠户极具个性的语言、动作等细节和其他具体句子来分析其形象，而后尝试运用类比法归纳出其他配角的形象特点，并据此谈谈自己对本文主题的理解。

【案例描述】

师：上一节课我们说过作者塑造范进这一人物主要是通过人物的动作描写。我们从他中举前被骂得狗血淋头仍无动于衷，揭开了他卑怯畏缩的面纱；从他借钱只身赴考而任由家中饿了两三天，读到了范进对功名利禄的热衷。通过以上环节，我们读懂了范进的形象特点，现在我们来探究第二个人物——胡屠户。

师：在范进中举后，作者用独特的讽刺手法构造了一个个热闹的场景。如此一出闹剧中有个句子很有趣。（大屏幕显示句子——自己心里懊恼道："果然天上'文曲星'是打不得的，而今菩萨计较起来了。"）请全班同学一起带着自己的理解有感情地朗读这个句子。

师：这个句子我刚才说很有趣，有趣在哪里？现在有两个问题：一，句子该如何理解？二，胡屠户担忧恐惧的真是"菩萨"的"计较"么？请同学回答一下。

生：胡屠户是在范进中举后才打了他，所以心里很懊恼，他不是怕菩萨，而是怕范进会计较。

师：但这是胡屠户在给范进治病啊，为什么还这样害怕和懊恼？

生：因为胡屠户以前一直对范进不好，现在范进身份不一样，胡屠户心虚，害怕范进会算旧账。

师：回答得很好！以前胡屠户对范进可不是这样子的，我们试着结合表格来梳理一下胡屠户在范进中举前后的变化吧！请小组同学利用两分钟时间来合作讨论一下，尽量采用原文内容来填空。

生1：范进中举前，胡屠户对他的称呼是……中举后称呼变为了……

生2：范进中举前，胡屠户对他说话的态度是……中举后态度变成了……

生3：范进中举前，胡屠户祝贺他时所带礼品是……中举后贺礼就成了……
……

师：在时间如此之短的情况下，胡屠户却能如此自然自得地做出截然相反的言行，所以在扇了范进一巴掌之后他有如此可笑的想法也就变得合情合理了。但是他这种心理状态有人关注吗？有人关心吗？而胡屠户的这种想法有持续很久吗？之后他做出了什么举动？请小组同学利用三分钟时间来合作讨论一下，同样，也是尽量采用原文内容来组织自己的答案。

生：没有人关注胡屠户，因为所有人都绕着范进转了。

师：能不能结合文章具体内容详细说说其他人都在做什么呢？

生：众邻居在解释情况。一个邻居帮范进找鞋、穿鞋，邻居一个又一个替胡屠户解释，而贴着膏药的胡屠户则对范进一顿夸赞，还替女婿扯了好几十回滚皱了的衣裳后襟呢！

师：前一秒懊恼，后一秒就帮忙整理衣服，试着结合刚才所说的胡屠户翻天覆地的变化来说说，我们可以用什么词语来形容他呢？

生1：庸俗自私。

生2：嫌贫爱富。

生3：趋炎附势。

……

师：还有补充的吗？不要忘了，在文章第一、二两个自然段中胡屠户的表现，这里的胡屠户的形象特点是什么？

生：话语粗鄙、粗鲁无礼。

师：总结得很好，胡屠户对范进态度转变如此之大，归根到底是范进中举了，拥有了什么？

生：钱、权、地位。

师：作为庸俗的小市民，胡屠户最关心的自然是钱了（板书：钱、权）。原文中有哪些句子是可以表现出胡屠户"嗜钱如命"的？请快速找出来。

生1：在文章第二自然段，"你问我借盘缠，我一天杀一个猪还赚不得钱把银子，都把与你去丢在水里，叫我一家老小嗑西北风！"

师：这是胡屠户的语言描写，有更直接的句子来体现他的爱财吗？

生2：在文章第十二自然段，"屠户把银子攥在手里紧紧的，把拳头舒过来""胡屠户连忙把拳头缩了回去，往腰里揣"，想给别人银子拳头却不松开，别人话刚说完，就把银子收回去，这些句子都能把胡屠户守财奴的形象展现得淋漓尽致。

师：分析得很到位，那请同学来展示一下这两个句子里面的动作吧。

……

师：在这篇文章里，胡屠户可不是个异类，文中有谁跟他很相似？

生：众乡邻嫌贫爱富、趋炎附势，张乡绅道貌岸然、老奸巨猾，他们都是那个社会里胡屠户的同类。

师：正是有了这些世人（板书：世人），吴敬梓笔下世态炎凉的封建社会才会跃然纸上，而造成社会如此悲哀的根源就是——封建科举制度。（板书：科举制度）

师：对于这种科举制度，作者可是大大反对的。作者始终以一种清醒的姿态来看待这个社会，作者写这篇文章的目的不是为了讽世和骂世，而是为了醒世，有这么一段话，请全班齐读。

（生齐读）

师：胡适在研究《儒林外史》的时候写下了这段话，我们通过这篇文章也知道封建科举制度下有些人的成功是以人格换来的。在此，我衷心希望同学们在追梦路上回首过去时都能认为每刻的自己是值得尊重的。

【结果与反思】

就教学效果而言，这堂课基本实现了预定的学习目标，学生参与面较广，调动了绝大多数学生的学习积极性、主动性。学生的学习目标基本完成，课堂整体呈现也达到预期。学生的合作探究能力得到了一定的发展，对课文主旨的理解也更进了一步。

一、有效提问，主线贯穿

本次课为以"胡屠户"这一人物串起所有问题，以此为基础设置有效的问题。这样，教师就能将阅读的主动权交给学生，让学生依据自身的知识积淀和生活体验等进行整体性的阅读或个性解读。

二、各抒己见，训练能力

课堂的有效性还在于注重培养学生的概括能力、分析能力和口头表述能力。通过小组合作形式，学生先进行小组讨论，每组派代表展示本组的探究成果，而后再让其他同学补充意见。通过问题的讨论，学生能自然而然地领悟到范进中举让胡屠户嗜钱如命的市侩形象得以凸显。

三、巧妙切入，重点品读

巧妙的切入点对课文内容和教学过程有内在的牵引力，本节课同时还要求学生"能对语言特色有一定的体会"。通过反复阅读课文，结合本次课学习目标，我发现第八段中有不少亮点，精彩的描写和丰富的内涵凝聚其中。所以在教学导入之后我就直接让学生有直观感受，继而让学生通过自由讨论的形式品读。以此为切入点，学生从人物细节等角度去赏析，发现屠户的形象特点，并用类比法归纳出其他配角的形象特点。

这节课课堂教学整体严密，让学生在层层的思考中领悟到了文本的主要内容和主旨。提问设计、问题讨论都具有可行性、有效性，从而提高了学生思维训练的质量。

案例原作者信息：金山中学 何佩珊

案例二点评

这堂课，无论是从语文学科的专业性（学习语言文字运用），还是从中学生思维训练的关键（创新思维训练）来说，都是一堂优质课。本堂课的思维训练，有很多地方值得肯定。

第一，以问题带动教学，促进学生思维发展。在教学中，教师经常在关键处设置一些有难度的问题，如："胡屠户担忧恐惧的真是'菩萨'的'计较'？""但是他这种心理状态有人关注吗？有人关心吗？""胡屠户对范进态度转变如此之大，归根到底是范进中举了，拥有了什么？"这些问题，紧扣文本语言，层层深入，不断地把学生的思维引向新的方向、新的高度，让学生的思维始终处于一种紧张、兴奋的状态，同时让学生在一个个问题的分析、解决中获得思维的快感，进而达到思维能力的提升。

第二，尊重学生在思维训练中的主体性地位，给予学生很多思维训练的自主权，教师在某些教学环节中仅仅起一个引导作用。教学中，有很多学生自主学习、自主讨论的环节，如让学生填写胡屠户言行前后对比的表格，小组讨论其他乡邻的表现在本质上是否同胡屠户一样，等等。学生带着任务去思考、探究，而且答案具有开放性，这就让学生的思维训练不仅具有合适的形式，而且会产生一种真切、深入的思维体验，从而形成良好的思维训练效果。

第三，这堂课注重语言品味，从文字的细处着手，或者赏其妙处，或者对比分析，或者以读品读，在语言的鉴赏、分析中训练学生的思维，以促进学生思维的精细、准确、敏感。这实际上是语文教学中至关重要的语感的培养，是直觉思维的有效训练。这样的训练，与其他思维方法的训练密切结合在一起，共同促进学生思维品质的提升。

当然，课堂教学永远是一门遗憾的艺术，这节课在思维方法的训练上，如果"自觉意识"再强烈一些，思维训练的效果会更好。

【参考文献】

[1] 朱智贤，林崇德. 思维发展心理学 [M]. 北京：北京师范大学出版社，1986.

第七章　数学教学中的创新思维训练

【引言】

　　数学是研究数量关系和空间形式的一门科学，数学源于对现实世界的抽象，基于抽象结构，通过符号运算、形式推理、模型构建等，理解和表达现实世界中事物的本质、关系和规律。数学教学的重要工作、主要工作就是发展和创新学生的数学抽象运算、逻辑分析等思维能力，由此数学常被称为是"思维的体操""思维的科学"。"数学教学要充分暴露数学思维过程"的观点至今仍有广泛的指导意义。创新与创造力是学生发展核心素养的重要指标，该指标在现行的《义务教育数学课程标准（2011 年版）》和《普通高中数学课程标准（2017 年版 2020 年修订）》中出现的频率高达 10 次以上，可见如何在中小学数学课堂培养学生的创新精神和创造能力是教学的要求，同时也是数学教育工作者一直关注的热门课题。

　　在数学教学中培养学生的创造力和创新思维主要表现为在数学学习的过程中如何教会学生独立思考和解决数学问题，如何让学生主动提出数学猜想，如何让学生拥有独特、新颖的数学见解以及善于探索的创新精神。这需要教师针对当前中学数学课堂亟待解决的实际问题做出有效的策略分析，借助真实教学案例的展示和评析来进一步说明如何通过整合教学内容、精心设计教学、有的放矢地应用信息技术、创新教学模式等方法来提高学生的创新思维。

【本章要点】

● 数学教学中创新思维训练的现状
● 数学教学中创新思维训练的方法和策略
● 数学教学中创新思维训练的案例

第一节 数学教学中创新思维训练的现状

当前中学数学教学课堂中，创新思维训练的开展和实施是欠缺方法和途径的。从教的方面来讲，教师忽视学生思维活动的现象极为常见，"满堂灌"、注入式的教学方式依然较普遍，这导致中学数学教学很容易陷入追求分数的题海战术，教师往往不够重视数学概念的形成过程、学生探究问题的思考过程，更不用说主动创新的数学思维训练了。即使有教师积极尝试在数学课堂中开展创新思维训练，但往往局限于将创新思维训练作为教师引领课堂教授知识的附带产品，使得学生处于被动接受的地位。学生自主创新、思考和构建思维体系的教学活动少之又少，使得学生创新思维能力培养与发展的效果并不显著，教学成果也不理想。从学的方面来讲，中学生常常将是学数学的主要方法理解为记忆和模仿，即记住法则、公式，模仿解题步骤；推导过程必须严密统一，不能观察、实验、猜想；数学题做得没有好与坏，只有对与错，评判标准都在老师那里。这些看似普通的想法却反映出学生的学习态度和学习方式，若以此方式和态度学习数学，学生的创造能力是得不到发挥和发展的。

基于此，我们有必要进一步强调数学教学中创新思维训练的重要性和必要性。对于数学教学而言，探索、分析与解答的过程是教学的核心，而教学过程中的创新思维训练是关键手段，这样才能达到不仅仅让学生学会数学知识，更要习得一种思维方式的教育目的。事实上，通过创新思维训练培养数学的分析能力、运算能力和解题能力，比单一强调数量的刷题和解题训练重要得多。

第二节 数学教学中创新思维训练的方法和策略

在分析了数学教学中创新思维训练的现状之后，如何根据实际情况有效地在数学教学中开展创新思维训练，有以下几个方法和策略供参考。

一、课程教学设计注重贯彻以培养学生创新思维能力为目的的教学理念

"如何教会学生思考"是教师设计数学教学的重要意义和价值，教师要

"身临其境"为学生着想，分析本节课程如何从学生角度出发激发他们的创新思维能力，如何巧设教学内容，"知行合一"地探索教学设计变革，促进创新思维训练的开展。

例如，教师在课前设计热身活动，让学生僵硬的思维活跃起来；在课中，教师把握好提问的"火候"，多层次、多方位、多角度地提出问题，激发学生在获取知识过程中的好奇欲、探索欲和创造欲；在课后，教师可提出一两个具有探索性、开放性或趣味性的数学问题，让学生既可以合作完成，也可以展开辩论，甚至可以和老师进行辩论。

二、关注数学教学中教学对象的年龄和教育心理

根据数学学科抽象度高、逻辑性强的特点和该年龄段教育对象的心理特点，学生的思维活动常常受到定势、功能固着、情绪、动机等心理因素的影响，教师在课堂教学中应关心和注重学生的心理因素和情感因素，学会调动学生发展思维活动的积极性。数学中的创新思维应是发散思维与集中思维、直觉思维与分析思维、形象思维与理论思维、代数思维与几何思维的有机结合，教师在教学中不能顾此失彼，否则将不利于发展学生的数学创新思维能力。

例如，在数学课堂上，教师在学生开始思考前提出的解题格式和细节要求很容易影响学生整个证明和解题过程中宏观思路的开展，不如尝试一下先让学生明确思维大方向（直觉思维），再考虑几条解题思路（发散思维），然后判断确定最值得优先选择的思路（集中思维），如果该思路行不通，重新进行判断选择（灵活性思维）。又如，当一名学生在思考一道数学题目的时候，可能会在尝试了多种解决途径都失败后产生挫败感，这时若收到了老师的鼓励或者一定的思维启迪，他产生的积极的心理和情感因素会促使他创造性地冒出一个又一个好的想法。

三、在数学建模教学中培养学生的创新思维能力

数学问题的提出通常是从实际生活出发的，教师应精心设计教学，挖掘教学内容中的数学建模思想和数学建模元素，对实际问题增加探索与讨论环节，引导学生让他们独立建立数学模型，从而培养学生的直觉思维和发散思维能力，并使学生能够对数学模型的应用举一反三，进而培养学生的创新思维能力。

例如，在方程、函数的代数教学中，教师可结合具体的教学内容采取"提出问题情境—抽象出数学模型—解答数学模型—检验实际问题—应用、拓展"的模式，使学生在实际问题中进行思维的徜徉，发现和掌握数学规律。

四、利用几何直观和信息化手段促进创新思维训练。

在中学阶段，任课教师要鼓励学生多采用观察、测量、实操等直观的手段来解决几何和代数问题。同时任课教师也要积极学习和掌握、运用多媒体教育信息技术以适应快速发展的教育教学方式。

例如，在指数函数教学中，学生要制作出两个图像，此时信息化教学工具图形计算器的使用不仅有效地解决了函数图像作图精度要求高的问题，而且利用动态图像使学生获得充分的感性认识，有利于激发他们的代数创新思维能力。又如，教育信息技术可以使一些复杂的甚至是虚拟的几何图形变成现实，并能展示出几何对象的动态变换，便于观察出几何对象的不变性质。这样直观、动态的多元几何表征更易于激发学生的几何创新思维能力。

五、灵活处理课堂教学中规模化与个性化之间的矛盾

教师的数学教学活动往往面对的是一个整体教学班，学生的思维活动迥异、数学思维能力差别较大，这就需要教师优化教学模式，调整教学方式，多途径、多手段地促进每个学生的创造力。课堂上教师要善于见微知著，细心观察学生的反应，加大巡堂力度，争取发现学生新颖的观点，鼓励学生大胆地说出自己的创新想法。在讲解数学题目的时候，我们经常会遇到一题多解的情况，此时，教师应善于利用各个学生的发散思维，启发和引导学生从不同角度、不同方法入手给出自己的解答和求证，并卓有成效地鼓励学生勇敢地表达自己不同的见解。除了常规教学以外，数学思维兴趣小组、社团活动和竞赛等也有利于个性化的数学思维训练。

六、积极开展教研促进教师自身创新思维能力的提高。

为了有效地促进学生的思维从固定思维向创新思维转变，教师首先应该拥有感受和发现创新思维的眼睛和耳朵，这样才能有效地发展学生的创新意识。数学学科是具有传承性的基础性学科，其理论基础丰富，教育资源需要共享。因此，鼓励数学任课教师积极开展关于教学中创新思维训练的学科论文写作、研究课题申报、校本课程研发、同课异构等教研活动，并且运用集体的智慧、理论的支撑是有效地提高教师创新思维能力的手段。

例如，针对一道开放性数学问题的讲解，教研室老师开展主题教研活动："为什么学生的数学问题创新意识薄弱，停留在模仿做现成题的水平，遇到需要做辅助线的题目，经常束手无策？"问题可能就出在了"教师讲的层面上"。

通过分享大家的讲题策略，教师的教法会有显著的提高，创新的教学策略将受益终生。

总之，教师要认识到自身的数学知识体系是相对完整的，做题思路也相对固定，但是学生们尚没有形成固定的解题思路，他们在这方面还有待提高，但是也恰恰因为这个原因，学生们的可塑性非常高，他们的解题思路往往多变而且出奇，数学思维的创造力很强。教师在教学中绝不可以随意遏制孩子们思维的发展，请把属于他们的课堂天空留给孩子们吧，让他们尽情地展翅翱翔！

第三节　数学教学中创新思维训练的案例

本节我们对从创新实验区基地学校收集来的，能够反映数学学科教学中创新思维训练的数学教学案例进行呈现和点评。这些源自真实中学数学课堂的教学案例提供了丰富多样的素材，希望读者能够从中获得如何在数学教学中开展创新思维训练的方法和启示。

案例一：人教版八年级上册——三角形的边

【案例背景】

这是一所靠近海港的普通中学，这是一个洋溢着蓬勃朝气的平行班，我是一位年轻教师，正准备讲授一堂普通的教学课。

【案例主题】

教师在教学过程中怎样培养学生的创新思维。

【案例描述】

课前三分钟铃声响起，在课代表的带读下，同学们书声琅琅。新的一节数学课准备开始了，本节课要讲的内容是"三角形的边"。

一、新课导入

学生观看教学视频，感受丰富多彩的三角形世界，激发学生的学习兴趣。

二、新知探究

知识点 1：三角形的概念及其元素

师：同学们，看完视频后我们知道世界上很多事物都与三角形密不可分，那什么是三角形呢？你还记得小学学过的三角形的定义是什么吗？

生 1：由三条线段围成的图形。

教师展示：

图7-1　三条线段在同一条直线上

师：由三条线段围成的图形是指这样的吗（如图7-1所示）？

生2：不能在同一条直线上。

教师展示：

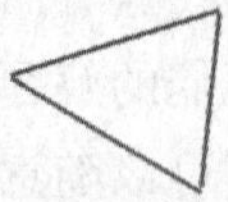

图7-2　三条线段不在同一条直线上

师：这样是三角形吗（如图7-2所示）？

生3：这三条线段要首尾相接。

师：同学们，现在请你们完善三角形的概念。

生4：三角形是指由不在同一条直线上的三条线段首尾顺次相接所组成的图形。

师：我们在座的每位同学都被统称为人类，但是我们平时称呼她为刘文慧、他为石世杰，那么在三角形的世界里，形形色色的三角形我们要如何分辨？

全班：给三角形起名字。（众笑）

师：那我们现在一起来给这个三角形起个名字吧！例如，现在给这个三角形（如图7-3所示）加三个字母A、B、C，那么这个三角形就记做"三角形ABC"，写作"△ABC"（板书）。我们还可以怎么称呼这个三角形？

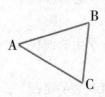

图7-3　△ABC

生5：可以把字母顺序调整一下。

生6：对！还可以叫"三角形BCA""三角形CBA""三角形ACB"。

生7：我觉得三角形的名字还可以用其他字母来表示，不一定要用A、B、C，我想用D、E、F，那这个三角形就叫作"三角形DEF"。

师：以上三位同学都说出了关键！三角形的叫法不受字母顺序的影响，且当我们给三角形命名的时候规定用大写字母，可以在26个字母任选3个。

师：根据小学的知识，三角形有哪些元素？

生 8：三角形有三个顶点、三条边、三个角。

师：具体是哪三个顶点、哪三条边、哪三个角？

全班：顶点分别是 A、B、C，边分别是线段 AB、线段 AC、线段 BC，角分别是∠A、∠B、∠C。

师：同学们回答得非常好！但是有一个问题需要我们注意，△ABC 的三边，有时也用 a、b、c 来表示。顶点 A 所对的边 BC 用 a 表示，顶点 B 所对的边 AC 用 b 表示，顶点 C 所对的边 AB 用 c 表示。（如图 7-4 所示）

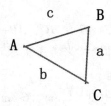

图 7-4　△ABC 的边

知识点 2：三角形的分类（略）

知识点 3：三角形的三边关系

师：在 A 点的小狗，为了尽快吃到 B 点的鸡腿，它选择 A→B 路线，而不选择 A→C→B 路线，难道小狗也懂数学？（如图 7-5 所示）

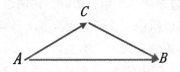

图 7-5　小狗的路线

生 15：小狗也懂数学！因为线段 AB 的长度比线段 AC+CB 要短一些。

师：为什么在线段长度上 AC+CB ＞ AB？

生 16：看起来像。

师：老师也觉得看起来像，你们能证明出来吗？

生 17：老师你看我这里用三支笔围成了三角形，现在我把其中两支笔凑在一起，再跟第三支笔比较，两支笔凑在一起的长度比第三支笔长。

师：真棒（比大拇指），这位同学思维很敏捷，还有其他想法吗？

生 18：老师，我想到一个实际事例。上周末我们一家人去爬山，山的中间有一条人形隧道，妈妈带着妹妹走中间的隧道去山的对面，爸爸带着我爬上山再下山到山的对面。我们比她们先出发半小时，结果我的妈妈跟妹妹比我们早到20分钟。（众笑）这跟题目很像呀！AB 会小于 $AC+CB$。

生19：老师，我懂了，这可以用"两点之间线段最短"来说明！

师：你们每个人说得都非常的正确！刚才呀，在座的每位同学的思维都互相发生碰撞了，爱思考真是一种好习惯！老师很喜欢你们思考时的神态模样，也期待着你们通过交流，碰撞出各种奇思妙想！由这道题我们深刻地体会到了 $AC+CB > AB$，也就是说三角形的两边之和大于第三边。（板书）那么你们还知道哪些边之间的关系？

生20：同理，我们可得 $AC+AB > BC$，$AB+BC > AC$。

师：非常好！接下来，老师继续来考考大家。判断下列长度的三条线段能否拼成三角形？为什么？（提问）

（1）5 cm、6 cm、10 cm；（2）5 cm、6 cm、11 cm；（3）3 cm、8 cm、4 cm。

生21：第（1）问可以拼成三角形，因为5+6=11 > 10。

师：完全正确。

生22：第（2）问不可以拼成三角形，因为5+6=11。

师：同学们，当两边之和等于第三边，这是图形会变成怎么样？我们一起来看一下几何画板动画演示。通过演示你发现了什么？

生22：当三角形两边之和等于第三边时，这两边会和第三边重合。

生23：第（3）问可以拼成三角形，因为3+8 > 4。

师：是否任意的两条边的和都大于第三边？

生23：不是，第（3）问中的3+4=7 < 8，所以3、8、4不能拼成三角形。

师：同学们，经过对上面第（3）题的思考，当我们判断三边是否能围成一个三角形的时候，要注意什么？

生24：要满足任意的两条边的和都大于第三边，也就说我们要拿最短的两条边相加看能否大于第三边。

师：这位同学总结得非常到位！相信同学们都已经掌握了这个知识点，接下来难度要加大了。请思考这道题目："现在有三条线段分别长为 3 cm、7 cm、x cm，要想这三条线段围成一个三角形，那么 x 的取值范围是多少？"

生25：要想围成一个三角形，那么需要满足① 3+7 > x，② 3+x > 7，③ 7+x > 3；由于7+x肯定会大于3，③式满足；解①得到 x < 10，解②移项得 x > 7−3，得 x > 4；综上所述，4 < x < 10。

师：这位同学回答得完全正确，由上面的②式移项我们可以得出"三角形两边之差小于第三边"，因此通过三边判断能否组成三角形，我们的判断依据是：三角形两边之和大于第三边，两边之差小于第三边，则有"两边之差 < x < 两边之和"（板书）。

这节课大家都表现得棒极了，谁能帮老师做个总结呢？说一说你学到了什么？

【结果与反思】

笔者认为在教育教学过程中培养学生的创新思维的前提是教师要创造一个相对宽松愉快的课堂氛围。其次是在教学过程中，教师要善于让每位学生进行多角度的思考，能让他们各抒己见。轻松的环境可以让学生把各种奇思妙想都表达出来。再次，课堂上要充分体现新教学理念，发挥学生的主体地位，多组织生生之间的沟通讨论、师生之间的沟通讨论等，这样可以促进学生创新思维的养成。本节课是在培养学生创新思维路上的一节家常课。学生的创新思维并不是一朝一夕就能瞬间养成的，还需教师在日常教学中不断地贯彻、不断地引导。每位学生都具有奇特的创造力，不能因学生成绩的优劣而选择性地抛弃个别创新思维的培养。此外，本节课在形式上理应更多样，如多开展思维活动能更好的发展学生的思维空间，从而让更多的学生产生某种新颖的独特的有价值的成果。

案例原作者信息：珠海高栏港经济区南水中学 莫燕珊

案例一点评

该教学案例是一节课堂实录，按照新授课的主体结构"引入—新授—巩固练习"进行设计，教师善于运用启发引导的提问技能进行设疑思考，关注到了学生探究活动的效果和经验，这是很好的培养创新思维能力的教学方法。对学生说"总结得很到位""真棒（比大拇指），这位同学思维很敏捷""爱思考真是一种好习惯"等鼓励性的语言，不仅增强了学生学习的自信心，而且让学生更乐于举手发言来表达自己的想法。学生在教学中体验了猜测、验证、推广的数学思维活动，并利用思维导图和几何演示将形象思维与抽象思维有机结合，利于在头脑中形成系统性的逻辑框架。三角形三边的关系和判断构成三角形的依据是本节教学的重点，也是难点，更是锻炼学生思维的关键时刻。教师可再多花时间、下功夫好好打磨，创建知识生成的过程。另外，课堂小结是由学生总结的，这有利于培养个别学生的抽象概括思维能力，但之后教师要做出归纳，以便促成全体学生思维认知的形成。练习题目的设计除了趣味性以外，还应增加训练学生创新思维能力的有效题目。作为年轻教师，她已经上出了一堂展现自己风格、注重创新思维训练又生动有趣的数学课。

案例二：数学模型构建"探究三角形角平分线交角规律"

【案例背景】

这是一堂专题课，起源于一次作业。作业中有下面一道题。

已知在△ABC（如图7-6所示）中，P 点是∠ABC 和∠ACB 两内角平分线的交点：

（1）若∠A=20°，则∠BPC=____°；

（2）若∠A=60°，则∠BPC=____°；

（3）请你由（1）（2）猜想∠A 与∠P 有何数量关系？并证明你的猜想。

图7-6　△ABC

在批改作业的过程中笔者发现，学生对有具体度数要求的第一、二问完成度和准确率很高，而对于没有给具体度数的第三问，大部分学生都没有作答。询问了几个学生后笔者发现，学生不会做这一探究类题目的原因有二：一是不会解析题目，找不到解题的切入点，没有思维钥匙；二是学生还没有建立起数学建模思想，对于常见的题型和图形不能进行分类研究。基于以上背景，笔者产生了以下疑问：怎样引导学生建立已知角与未知角的联系？怎样引导学生用数学建模思想来解决同类型题目？怎样才能打破学生解决探究类题型的思维屏障？为此，笔者设计了这节专题授课。

【案例主题】

以"数学模型构建"和"数学思维教学"为主题，建模探索"三角形的两内角平分线所形成的夹角与三角形内角关系"。

【案例描述】

在小组合作、互助探究后，笔者请一位同学进行了成果展示，为大家进行讲解。

生 A：我这样做第三问，根据三角形的内角和定理，以及角平分线的定义，得

$$\angle A=180°-(\angle ACB+\angle ABC)$$

$$=180°-2（\angle 1+\angle 2）$$
$$=180°-2（180°-\angle BPC）$$
$$=2\angle BPC-180°$$

师：请问同学们有没有什么疑问？

生 B：请问为什么$\angle ACB+\angle ABC=2（\angle 1+\angle 2）$？

生 A：根据角平分线的性质，BP 平分 $\angle ABC$，所以 $\angle ABC=2\angle 2$，同理 $\angle ACB=2\angle 1$。

生 C：请问以后我们在解决探究类题目时，应该从哪里作为切入点呢？

此时，生 A 嗫嚅，不知道该怎么回答。其他同学也眉头紧锁、面有难色，都在思考这个问题。但是，此时笔者内心非常欣喜，既高兴学生能够在课堂上问出有深度的问题，又开心学生问到了本节课的最核心问题：探究类题目的解题思维是什么？于是，有了以下的师生对话。

师：A 同学思路清晰，脉络明确，能够灵活运用我们所学的基础知识点来解决这一题目，值得表扬，请大家掌声鼓励。对于刚刚的问题，有哪位同学还能予以补充吗？

（这个问题一抛出，全班沉默了）

师：既然没有同学能够解答，那么就由老师带领大家，一起探讨这类题目的解题思维。请同学们观察题目，请问第一问中，哪个角给出了具体数字？要求出哪个角？

生：$\angle A$ 有具体数字，$\angle BPC$ 没有具体数字。

师：现在，我们把有具体数字的角作为已知角，把要求的角作为未知角，那么第二问中，$\angle A$ 是什么角？$\angle BPC$ 是什么角？

生：$\angle A$ 是已知角，$\angle BPC$ 是未知角。

师：那么根据前两问的提示，第三问中可作为已知角的是哪个角？可作为未知角的是哪个角？

（学生开始争先抢答）

生：把 $\angle A$ 作为已知角，把 $\angle BPC$ 作为未知角。

师：很好，那么根据第一、二问中，$\angle BPC$ 的求法可以知道，我们在解决探究类题目时一般把未知角作为切入点，在图中寻找与未知角相关的角之间的数量关系，用数学中的转化思想，转化到已知角为止。因此，我们可以得到：$\angle BPC$ 等于多少？

全班口答：$\angle BPC=180°-（\angle 1+\angle 2）$
$$=180°-（\angle ACB+\angle ABC）$$

$$=180°-(180°-\angle A)$$
$$=90°+\angle A$$

师：很好，请同学们再思考一个问题，我们在解决这一题的过程中，用了哪些知识点？

（学生思考后，举手回答）

生D：用到了三角形的内角和定理和角平分线定理。

师：非常棒，请同学们思考，我们用到了哪些数学思想？

生E：用到了数学中的转化思想和整体思想。

（教师根据学生所答，整理板书，如图7-7所示）

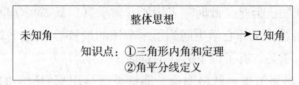

图7-7 板书

师：现在我们构建数学模型。三角形两内角角平分线所形成夹角与三角形内角之间的规律是：$\angle BPC=90°+\angle A$。以后我们遇到选择或填空题的时候就可以直接应用。请同学们完成下面这道中考题：

在 △ABC 中，BO、CO 分别平分 $\angle ABC$、$\angle ACB$。若 $\angle BOC=110°$，$\angle A=\underline{\quad}$°。

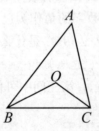

学生轻松求解出正确答案：$\angle A=40°$。

师：现在，请同学们思考并总结出求解探究类题型的解题策略。

（学生小组讨论，得出结论，小组代表发言）

生F：根据题中前几问的提示先找出已知角和未知角，然后看图找出未知角与其他角之间的数量关系。在找的过程中会用到数学的整体思想、转化思想和数学建模思想，会用到内角和定理和角平分线这些知识点。

【结果与反思】

基于以上数学思维教学和数学建模思想的指导，在后续探究类题目中，学生能够快速将碎片化信息进行整合，快速找出已知角和未知角，从而利用图形建立起两者的联系。在教学过程中，学生的能力、数学核心素养和数学创新思维三个维度都得到了发展，培养了学生数学抽象与直观想象、逻辑推理与数学建模的核心素养，又培养了学生观察、猜想、归纳、整体思想和转化思想等数学思想的应用，让学生逐渐能以数学的眼光观察世界、以数学的思维分析世界和以数学的语言来表达世界，为学生创新思维能力的养成打下基础。

案例原作者信息：汕头市金山中学 段美妮

案例二点评

这堂专题课由作业问题情境引出，是很好的尝试，因为数学教学的目的就是为了解决问题的。课程始终围绕着利用数学建模培养数学创新思维的中心来开展，学生积极探索、大胆发言，展示了学生思维的敏锐性和创造性。教师善于引导学生形成构建数学模型的意识，使学生分析问题和解决问题的能力得到长足发展。该专题教学采用了小组合作、互助探究的教学模式，辅以自主学习法、直观演绎法、讲授法等教学方法，既锻炼了学生解决问题的灵活思维能力，又引导学生学会举一反三和因小见大，进而促进学生数学学习的思维完善。通过该案例的阐述，我们发现比起模式化证明，高中生对于构造性证明的思维发展相对滞后，高中数学教师要加强在这方面的教学，帮助学生突破这一数学障碍。

【参考文献】

[1] 中华人民共和国教育部. 义务教育数学课程标准（2011 年版）[M]. 北京：北京师范大学出版社，2012.

[2] 单尊. 数学是思维的科学 [J]. 数学通报，2001（6）：1-3.

[3] 张乃达. 充分暴露数学思维过程是数学教学的指导原则 [J]. 数学通报，1987（3）：6-11.

[4] 涂荣豹. 数学教学设计原理的构建——教学生学会思考 [M]. 北京：科学出版社，2018.

[5] 李士锜，吴颖康. 数学教学心理学 [M]. 上海：华东师范大学出版社，2011.

第八章　英语教学中的创新思维训练

【引言】

英语学科是一门具有双重属性的语言学科，既有工具性，又有人文性。简单来说，它的工具性指的是培养学生用英语来做事的能力，它的人文性指的是培养学生做人的能力。著名英语教育家李筱菊教授认为，英语教育作为总的教育的一部分，它的宗旨应该是培养能思、能感、能够用英语进行交际的人。英语课不是一门单纯的语言技能课程，它还是一门人文课程。英语课程是一门基础文化课程。英语课程肩负着培养学生学科核心素养的任务，具有丰富的育人价值。英语学科没有特定的知识内容，即语言作为文化的载体，除了语言本身的知识外，所负载的内容也包括中文人文科学领域的多种知识，如历史、地理、科学、社会等。

进入21世纪以来，创新受到了空前的重视。创新被视为国家和民族振兴的前提和保证，是一个民族甚至国家赖以生存的灵魂。创新是成为高新人才必备的品质。世界的发展对英语教育提出了新的要求，英语教育要培养能够解决世纪问题的创新型人才。因此，英语教育需要创新以适应时代的要求。英语教育教学要从单纯语言教学转变为促进人类交流和全人类发展的学科，融入全球胜任力的培养和发展。

英语不仅是交流的工具，也是思维的工具。语言和思维有"血脉"般的联系，语言和思维、文化密不可分，语言是高层次的思维介质，在思维和文化意识上具有育人功能。英语创新教学需要教师在教学目标、资源、内容、方法、方式、手段等方面做出新的选择或进行新的尝试，同时，要摒弃已经被证明为低效的或不合理的做法。要创新英语教育我们要实现三个方面的超越。英语教学的第一个超越是从聚焦语言逐渐过渡到关注内容；第二个超越是从关注内容逐渐过渡到培养思维；第三个超越是创造思想。英语教育的新境界是从学习英语逐渐过渡到通过英语来学习。2018世界英语教师协会（TESOL）描绘了核心素养背景下中国英语教学的新境界：教育工作者和广大教师要把学习英语转变为通过英语来学习。聚焦语言、关注内容、培养思维、创造思维。把世界带入课堂，让课堂与生活相连。帮助学生们更好地融入未来社会，在满足个人自我实现的同时推动社会的发展。从英语教学的三个超越以及英语教学的新境界可见思维及创新思维能力培养的重要性。

思维能力是智力和能力的核心。林崇德教授提出，思维品质是发展智能的突破口，创造性的培养应该突出表现在思维品质培养上。思维品质能明显地体现在各学科能力上。《英语课程标准》（2017 年版）（以下简称"课标"）指出，英语课程的具体目标是培养学生的学科核心素养，包括语言能力、学习能力、文化意识和思维品质。思维品质作为英语课程的目标之一开始受到了极大的关注和重视。课标指出，思维品质指思维在逻辑性、批判性和创新性等方面所表现出的能力和水平。课标对思维品质目标是这样描述的：能辨析语言和文化中的具体现象，梳理、概括信息，建构新概念，分析、推断信息的逻辑关系，正确评判各种思想观点，创造性地表达自己的观点，具备初步运用英语进行独立思考、创新思维的能力。课标在思维品质目标中明确提出要在英语教学中培养学生创造性地表达自己观点的能力以及初步用英语进行创新思维的能力。

此外，课标指出，英语课程内容是发展学生英语学科核心素养的基础，包含六个要素：主题语境、语篇类型、语言知识、文化知识、语言技能和学习策略。课标明确提出了六要素的英语学习活动观，即：所有的语言学习活动都应该在一定的主题语境下进行，学生围绕某一具体的主题语境，基于不同类型的语篇，在解决问题的过程中，运用语言技能获取、梳理、整合语言知识和文化知识，深化对语言的理解，重视对语篇的赏析，比较和探究文化内涵，汲取文化精华；同时，尝试运用所学语言创造性地表达个人意图、观点和态度，并通过运用各种学习策略，提高理解和表达的效果。那么，学生如何能够尝试运用所学语言创造性地表达个人意图、观点和态度？语言是思维的工具和内容，这需要我们在教学中培养学生的创新思维。只有培养学生的创新思维，学生才能有创新的可能，才能跳出思维的框框，才能创造性地表达自己的意图和态度。

【本章要点】
● 英语教学中创新思维训练的现状
● 英语教学中创新思维训练的方法和策略
● 英语教学中创新思维训练的案例

第一节　英语教学中创新思维训练的现状

一、什么是创新思维？

创新思维也称创造性思维。创造性思维是人类最高级的一项思维活动，创造力也是人类最重要的精神工具。思维是智力和能力的核心，而创造性思维是创造力的核心。语言是人类重要的思维工具之一，英语作为中学各科中的主要语言科目，是培养中学生创新思维的载体。我们要立足通过语言学习活动培养学生思维的逻辑性、批判性和创新性。在布鲁姆的教育目标分类中，创新位于整个教学目标体系的最高层，是建立在其他的目标的基础上的。创新就是产出原创性成果或思想，涉及设计、组合、建构、推测、发展、阐述、著作、调查等活动。

创新思维训练就是通过英语学习活动，特别是通过整合了六要素的英语学习活动，对学生的创新潜质和创新能力进行培养。培养创新能力不能离开语言和文化的学习活动。

二、英语教学中创新思维训练的现状

目前，在英语教学中对学生进行创新思维训练的研究和实践都不多。创新思维训练的实践也比较零散、欠深入。相关的文献不多，而已有的文献主要集中在情境的创设和氛围的营造上，只有极少数文章能够系统、深刻地探讨在英语教学中如何对学生进行创新思维的训练。专门谈创新思维能力培养和训练的文章不多，现有文献多是在谈及思维品质的培养时会关联到创新思维能力的培养。以阅读教学为例，当今英语阅读课堂还没有以"思维"作为重要目标，因而教的是语言知识和文本内容，也没有指向用文本内容和语言思考和表达思想的人。少数探讨创新思维能力培养的文章，大多是在谈到阅读教学或者文学教学中提及创新思维的，很少有探讨在听说教学、写作教学中培养学生的创新思维能力。至于在语言知识的教学中，如语音教学、词汇教学、语法教学、语篇教学，创新思维能力的培养更是缺席的。可以说，在人们的视野中，只有阅读是培养创新思维能力最好的载体。在教学实践中，大部分的教师在阅读教学中比较重视学生的识记和理解，一部分教师会帮助学生到达运用的层次，但是只有少数教师能引导学生达到分析、评价与创造的高阶思维层次。实际上，在其他课型中，如果教师具有创新思维能力培养的意识，也是有可能在教学时对学生进行创新思维训练的。比如在口语和写作教学中，教师如果能够为学生创设真实的交际情境，那么就能激发学生的表达动机，让他们有机会创造思想内容，就有可能在输出活动中培养学生的创新思维能力。

对批判性思维能力和创新性思维能力的培养更是未来英语教学的重点。培养学生的批判性思维和创新性思维的方式不同，其中之一是设计开放性问题。就教材而言，新人教版高中英语教材在阅读文章后都设计了一些开放性问题，这些问题没有标准答案，其目的是为了引发学生的思考与讨论，重点发展学生的批判性和创新性思维。新教材还显性、系统地增加了学习策略，而不同的学习策略，比如预测、猜测、推断、归纳、比较、想象、创造等，也能体现不同的思维品质。其中想象和创造活动能够培养学生的创新思维能力。但教师在使用新教材的过程中还存在理解和实践不到位的情况，未能充分实现新教材提供的对学生进行创新思维训练的功能。

总的来说，目前英语教学对创新思维的关注和训练还不够，有必要加强对创新思维培养的力度、优化培养的方式以及提高培养的成效，使学生具有较高的创新思维能力和创造力，为他们未来更好地融入社会，实现个人自我的发展和推动社会的发展打下坚实的基础。

第二节　英语教学中创新思维训练的方法和策略

创新思维的训练和培养是一个复杂的过程。首先，它需要教师本身在教学资源、教学目标、教学内容、教学方法和评价方法等方面的创新。其次，它需要教师具有强烈的创新思维能力培养的意识、精心设计和实施课堂教学，直接或者间接地把创新思维训练融入课堂教学的每个环节之中。

一、培养发散性思维、聚合性思维和批判性思维，为创新思维的培养打基础

创新思维的培养不是凭空而起的，它需要一定的思维基础。创造性思维是一种有创见的思维，它是一种复杂的心理过程，是发散性思维与聚合性思维的有机统一，是形象思维与抽象思维的有机统一。创造过程就是发散思维和聚合思维不断整合的过程，是二者协调互动的结果。（1）培养学生的思维的发散

性。发散性思维是创造性思维的基础，具有流畅性、变通性、新颖性的特点。根据这些特点，培养学生创造性思维能力首先要解决发散性思维训练中的流畅性，而要培养思维的流畅性，需要引发学生的联想。其次，转换角度，训练思维的灵活性。要根据已有信息不断变换思维角度和方向多途径寻求解决问题的设想，这正是思维的变通性，对加大思维的流畅和产生新颖的见解具有重要意义。再其次，在教学中要善于引导学生进行多向思维、逆向思维、求异思维。最后，探求一题多变，教给学生多向思维、多元思维的方法。归纳起来，培养学生发散性思维要落实在培养学生多角度、多向、多元的思维上。（2）通过猜想和推测，训练思维的直觉性。直觉思维是创造性思维的重要组成部分，又叫猜想思维。它用浓缩、跳跃的方式，直接而迅速地猜想出事物的答案，凭借人的理智直觉和借助已有经验，直接领悟出事物的特征。（3）分析综合，训练思维的聚合性。著名心理学家林崇德教授说过，概括是一切思维能力的基础。我们在处理问题时首先是分析问题，然后把分析的结果综合起来，梳理成重点突出的解决问题的方案。因此，分析、归纳、概括是从纷繁复杂的材料或数据中找出事物的规律，从多到少，凝成一点或者一个整体，这个过程就是训练学生思维聚合性的过程。我们在阅读教学中，常常要学生对文本中的一些信息进行分析和综合，然后推断出作者的态度或者得出结论。学生在英语课中会碰到两种情况，一种是面对一个话题无话可说，不知从哪个角度去打开，另一种是碰到很多观点不知如何归纳总结并形成自己的观点。前者可以通过发散性思维活动来训练，后者则可通过聚合性的活动来培养。经过发散性思维活动训练，学生逐渐能产出独特的或者有新意、有创意的思想内容；通过归纳总结他人的思想，获得新知；新知跟旧知进行碰撞，产生新的思想、认识或观点。

批判性思维是创新能力的重要前提和组成部分，没有批判就很难创新。具有批判性思维能力的人应该具备极强的分析判断能力，不被动接收信息，而是主动积极思考；对自己的判断或结论能够提供充分的理由；思考问题或看待事情比较全面；在对各种证据进行充分的了解和分析之前不急于摆明自己的态度或观点；对他人的观点不轻易表示赞同；能够以开放的心态去讨论问题。"What do you think of ...?"之类的问题就是用来培养学生批判性思维能力的问题。

二、设置情境，训练思维的创新性

在创造性方面表现出众者往往善于发现问题并创造性地解决问题。21世纪的英语教育要培养的是能够解决实际问题的人才。在英语教学中，我们基于主题语境来开展教学活动，在情境中学习语言、练习语言和运用语言。语言教学需要自然的情境和创设的情境。设置情境，让学生去创造性地解决问题、完成任务是发展创造性思维的重要途径。当教师在创设情境时，要考虑到这个情境是否有利于学生对知识和技能的迁移和创造，学生是否能够综合运用所学来创造性地解决问题。情境的设置要有利于学生代入自己的想象力、经验和情感。在英语教学中，教师要勇于打破教学常规，创造出更新颖的教学任务来培养学生的创造性思维。

北师大附中曹向前老师在他的"To sue or not to sue"一课中，他刚一上讲台就被绊倒在讲台上，然后他把这个意外设置为一个情境：自己被讲台上的东西绊倒，受了伤，要不要上诉呢？如果上诉，该诉谁呢？接着，他让学生以小组为单位进行拼图式阅读，解读文本内容；然后设置问题，引导学生通过找证据和推理读懂文本隐含的信息，找出作者对这些事故是否需要上述的态度，再回归到作为读者的学生对这些事件是否需要上诉的态度，并在最后回归到他设置的问题：你们认为我应该上诉吗？最后这个问题的目的在于培养解决问题的能力和创新思维能力。

三、立足高阶思维问题，培养思维的创新性

在英语课中，正确、恰当、适时的各种提问，可以起到培养思维能力的作用。在布鲁姆的教育目标分类中，人类的认知包括记忆、理解、应用、分析、评价和创造六个层次。其中记忆和理解被归为低阶思维，而应用、分析、评价和创造被视为高阶思维。王蔷教授指出，要在分析问题和解决问题的过程中发展思维品质。因此，一方面，教师提出的问题要具有多样性，要包含不同层次、不同类型的问题。另一方面，教师要培养学生的创新思维能力，在提问时要善于提出高阶思维或者能够引发学生深度思考的问题，为学生提供分析问题和解决问题的机会。如前所述，阅读教学中的那些超越文本的开放性问题常常是我们培养学生创新思维能力的抓手。教师在教学中可结合教学内容利用信息差、推理差和意见差的原理，多提推理性问题、评价性问题以及创造性问题，为学生提供创造性地表达自己的观点的机会，从而培养他们的创新思维和创新能力。

四、鼓励学生想象，提升创造性思维

创新是人的一种智慧，但智力是创造性的必要条件，却不是充分条件。一个人的创造性思维还需要想象。联想和想象力在创造性思维中扮演重要的角

色。在故事教学中，教师在教学中可以要求学生基于文本内容，大胆想象人物的所思、所想、所感、所悟，合理想象文章或者故事下文的情节或者结局。下文提及的"续"论中的读后续写就需要学生在续写时利用想象力进行大胆而又合理的想象，从而去创造故事情节和内容。

五、移情文化内涵，发展独创新思维

思维的独创性是指打破旧有的思维模式，从新的角度、新的方式去思考，得出不一样的具有创新性结论的思维模式。学生要创新，首先要学会移情。移情是指设身处地和欣赏他人感情的一种能力，但并不意味着我们与他人有相同的感受。因此，在移情的同时，学生还要学会观察、分析、表达和创新，特别是要敢于表达在母语文化中形成的不同于目的语文化的独创性观点。比如学生对译林版九年级上册 Unit 4 Reading 中的 "The Shortest Basketball Player in the NBA" 中主人翁 Spud 的成长内涵除了移情之外，还创造性表达了自己的观点：遇到困难要敢于向社会寻求帮助，要有效与人沟通，更加融入社会，等等。

六、读后续说、续写，训练学生的创新思维

读后是深化学习内容，学以致用，拓展思维，培养探究和创新能力的重要环节。读后可以开展普通意义上的说或写的活动，也可以开展续说、续写活动。前者可以是基于主题内容和主题意义进行的复述、讨论、辩论、模仿写作、概要写作等活动；后者是以原文本或者再构文本为依托进行的文段创编活动，其理论支持是王初明教授提出的"续"论。"续"论是一种语言习得观，包含两个基本理念：（1）语言是通过"续"学会的；（2）语言习得高效率是通过"续"实现的。"续"论不同于以往的语言习得观，它强调高效的语言学习，利用了对话过程中存在的不完整语段。学习者一边理解这样的语段，一边对其进行创造性的补全和拓展，据此体验语言使用，扩张语言表征，提高语言运用能力。"续"论揭示了语言学习的机理，即语言学习是模仿和创造的统一体，学生需要在模仿的基础上进行创造。"续"论的核心是语言模仿，内容创造。给一段话或者一个故事续上一个结尾，这需要激发学生的创造性思维。

在语言测试中，读后续写题目考查的是思维的创新性以及语言学习能力。读后续写的作文需要达成三个维度：在语言上要跟原文风格一致，特别是关键词和语言结构要跟原作和谐；表达要准确、恰当并且丰富，上下文逻辑一致；故事情节要有创造性。

七、基于项目式教学，培养学生的创新思维能力

项目式教学以目标为导向，以任务为中心，以问题为驱动，以学生为主体，以教师为主导，具有情境真实、内容具体、方法灵活、效果实用的鲜明特征。项目式教学不仅能加深学生对知识的学习理解和迁移创新，提升学习成效，还能激发学生学习动机，增强学习信心，促进持续发展。崔允漷教授认为，项目式教学是真实情境加上深度学习。项目式教学旨在通过主题探究和团队协作，完成项目，产出结果。在完成项目的过程中，学生需要通过读、听、看等各种方式，从不同类型的语篇中获取信息，用分析、比较、综合、选择等方式处理信息，创造性地运用这些信息来解决问题、产出成果。项目式学习是学生综合运用各种学习资源和学习策略的实践型活动，是培养学生创新思维能力的有效方法。

八、通过角色扮演、短剧等培养学生的创新思维能力

角色扮演虽然是一种角色代入，但扮演者需要有自己的创造。它涉及学习和理解、应用和实践、迁移和创新的过程。学生不但把从文本里学到的语言和思想应用于角色扮演，而且在体验角色的实践过程中，根据情境创造语言和思想。我们经常看到扮演家长的学生惟妙惟肖地演绎人物的角色，那些他们创造的语言常常惹得师生们捧腹大笑。

短剧也是培养学生创新思维能力的载体。短剧化教学以剧本或者剧情为载体，以表演为手段，将语言感知、理解、习得、应用和情感体验融于表演和创编之中。短剧把文本内容活化为剧本，即将教学内容短剧化，把学生变成了"编导"和"演员"。在表演的过程中，学生会创新语言和语言表达的方式。通过编写剧本，学生的仿编和创编能力得到了激发。随着这类活动的增加，学生的创新能力得到了极大的锻炼和培养。

角色扮演和短剧中的语言常常是"有温度""有血有肉"的鲜活的语言，而这些语言正是学生创造性劳动的结果。在扮演或者表演的过程中，学生就是"能交际""能思考"并且是"有感情"的英语语言运用者，而不是单纯的语言学习者。

第三节 英语教学中创新思维训练的案例

案例一："An Interview"创新思维教学案例

【案例背景】

本节课是一堂英语阅读公开课,授课对象是广东省江门市普通高中实验班的高一学生,共52人。整体上来说,学生学习态度认真,具备一定的语言知识和技能,以及基本的阅读方法和策略。但由于班级有一半学生来自农村,在之前的初中阶段缺乏系统的听说训练,因此,其听说能力和自我表达能力仍有待加强。

【案例主题】

根据2017年版英语课程标准,本案例的主题是人与社会中的大型体育赛事。本单元的中心话题是奥运会——世界上最重要的体育盛会。通过本单元的学习,学生可了解奥运会的起源、宗旨以及比赛项目。同时,本单元也介绍一些古代希腊神话传说和其中的一些著名人物。宗教和神话传说源远流长,是人类最初的文学形态,而希腊神话是整个西方文明的摇篮。本单元内容对学生学习了解西方文化以及英语语言思维发展和批判思维能力也有促进作用。

【案例描述】

本案例的文本材料"An Interview"是一篇谈话体裁的文章,讲述一名来自2000多年前的古希腊作家通过魔幻之旅来到现代2007年,并对即将作为2008年北京奥运会志愿者的Li Yan进行采访。文章结构清晰,在一问一答的采访过程中,关于古代和现代的奥运会的相似点和不同点跃然纸上。学生不仅可以通过对比学习了解奥运会的相关内容,还可以学习有关采访这一文体的知识和技巧。案例中我在合作探究与成果展示环节中的处理体现了我对学生语言思维的引导和创新思维的培养。

经过前面几个教学环节的学习,同学们对文本内容的理解不断加深,阅读课堂也逐步进入高潮。在重点环节——"学生讨论与展示"中,我首先利用阅读文本材料中的原句"That sounds very expensive. Does anyone want to host the Olympic Games？"引出提问"Is it good for Beijing to host the Olympic Games？Why or why not？"

教师在白板上迅速画出 Good 与 Not good 的基础思维导图，分别在周围画出几条发射线和空白的圈圈。在学生短暂思考片刻后，教师接下来播放一则波士顿申办 2024 年奥运会的英文新闻联播，短片中记者对当地几位民众就波士顿申奥一事进行采访，学生一边观看视频一边做笔记。到底北京是否要举办奥运会呢？这需要综合考虑各种因素和影响。学生以小组为单位，再进一步讨论，参考前面我们学习的思维导图，把小组的观点整理好并在白板上描述出来。8 分钟后，教师请各小组代表上台进行正方和反方的辩论展示和陈述。各小组成员热烈讨论，边讨论边画思维导图。

本案例通过小组合作探究和成果展示活动，让学生有针对性地讨论重点问题，主动运用英语思维进行积极思考，不仅拓展学生的视野、加深对个体差异的理解，还帮助学生在思想交流中实现知识共享。开放性的设问如 Is it good for Beijing to host the Olympic Games？ Why or why not？" 和 "What can I do for my country？" 更是把学生的自主思考与合作学习相结合，引领学生的思考向纵向和横向深层次发展，使思维过程更具有逻辑性和深刻性。学生在视听训练和情感体验中，体悟多元文化理念，尊重文化差异，求同存异，增强情感认同和文化自信。随后的成果展示环节中，来自不同小组的代表利用思维导图整合好的信息进行辩论和陈述，有效发展学生的创新思维。

【结果与反思】

本课的教学内容略显陈旧，如何激发学生的学习兴趣是教师需要重视的问题。本课通过创设与主题相关的真实情景，运用思维导图，以问题为导向，在小组合作和探究学习中引导学生积极思考、勇于表达自己，不断提升学生思维水平，促进学生创新思维能力的发展，克服了文章内容过时的弱点，提高了阅读教学的成效。

案例原作者信息：江门市棠下中学 杨羽媚

案例一点评

该案例的教师能够适当拓展课程资源，能够规避文本中部分内容陈旧的不足，通过开放性问题和小组互动引发了学生的深度学习，并培养了学生的创新性思维，教学目标达成度较高。该案例具有一定的实用性、适切性和启发性。

案例二：外研版八年级下册 Module 5 Cartoons Unit 1 It's time to watch a cartoon 听说课创新思维教学案例

【案例背景】

本课例取材于外研版八年级下册 Module 5 Cartoons，学生来自一所市级重点中学，这里的学生是全市最优质的生源。授课教师在新冠疫情期间对人才培养目标和英语课程教学目标有了新的思考，因此在英语课堂设计中更多地关注了如何提升学生的文化品格和创新思维品质的核心素养这两个方面。

【案例主题】

本案例的主题语境是人与社会。话题是谈论卡通片和卡通人物。在 Unit 1 中，两个孩子在争论看什么卡通片的时候，表达了自己喜爱的卡通人物以及喜爱的原因，并在讨论对比后达成了一致的意见。其主题意义是在人际交往中如何就一个话题与他人达成共识。

【案例描述】

课前，在学生朗读新单词后，教师先播放了一段《猫和老鼠》的视频吸引了他们的注意力，学生迅速地进入 cartoon 的主题中，并抢着回答他们喜欢的一些 cartoons 的名称。此时教师设置一个新的问题思考：What do you think of these cartoon characters？ 学生只能用一些简单的词汇，如 kind、friendly、cute 等来描述，但是教师并没有因此而否定他们的答案，而是在表扬他们思维活跃的同时抛出了问句 Do you think GG Bond powerful？ 学生立刻明白教师的要求，开始用 hard-working，out-going 等词汇。接着教师通过 mind map 进一步展示了更高级的表达品质的新词汇，如 talented、strong-willed、honest、selfless 等，一方面增加他们的词汇量，另一方面为他们后面的表达做好铺垫。此时的学生思维活跃，注意力都被丰富多彩的、色彩鲜明的卡通人物吸引。

于是，教师正式引入课本中的主题，并从三大部分进行教学。

Part 1：让学生通过听对话找出文中说话人喜爱的卡通片（Listening），之后，教师从刚刚的 What do you think of these cartoon characters？ 引出另一个问题 What do Betty and Tony think of their favorite cartoon characters？ 为他们的听力活动做一个预判并设置填空题，特别是表达品质的形容词，让学生加强理解这堂课的重难点——喜爱的卡通人物身上的品质。借助卡通话题的优势，教师先通过熟悉的流行的卡通片探讨卡通人物的特点，引导学生听文中人对话，并找出两位说话人的最爱以及喜欢的原因。

Part2：让学生小组朗读对话并找出文中说话人喜爱卡通片的原因（Reading），通过读对话互相帮助解决生单词的读音问题。学生在寻找答案中可以发现两人有着不同的爱好，但是，最终两人达成了一致。学生也学会了表达自己并学会如何求同存异。

教师先设置问题 What are their choices at first？让学生寻找答案，并在平台上展示 In Daming's opinion 和 In Tony's opinion，让学生去发现对话中这两位同学各自不同的建议并阐述了不同的理由，让学生能在这里感受到每个人都是特别存在的个体，在任何时候都可以表达自己的意见。接着，教师抛出另一个问题：Do they agree at first？答案显然是没有，但是重点是后面这个问题：What do they decide to watch at last？Why？学生在小组讨论的时候发现在对话中他们最终达成了一致，选择了另外一部两人都喜欢的卡通片，这样学生学习了求同思维。在这种轻松自然的氛围下，学生却不断地通过听、读、说来提升自己的英语基本素养。少了痛苦的背、默、记的压迫，他们在课堂上更愿意表达了。趁此机会，教师将主题进行升华：What does their favorite cartoon teach them？引导他们寻找到答案：They fight, but they love each other. Sometimes they protect each other and work together. 教师灵机一动，临时问他们能否用现在流行的网络语言来翻译这两个句子，一名学生的翻译——"相爱相杀，团结协作，守护彼此"——让我们捧腹大笑，却无比精准。这个小小的插曲不就是学生的一种创新吗？同时，这也是身为老师应该有的与时俱进的能力。笑声中学生明白了 Cartoons not just make us laugh but also teach us lessons. 于是，教师通过 We can learn different lessons from different cartoons 这个句子带领他们去探寻一些熟知的卡通片的 lessons，也为课堂的下一环节打下了基础。

【结果与反思】

本课注重培养学生读懂和描写自己喜欢的卡通人物和故事的能力。本课通过让学生了解西方的卡通故事及其人物，培养学生勇于表达自己、各抒己见的优秀特点，让学生学会懂得表达自己的想法，尊重他人的态度，倾听他人的不同意见，形成一定的跨文化交际能力，树立正确的人生观和价值观。

案例原作者信息：金山中学 胡慧敏

案例二点评

在该案例中，教师重视培养学生的思维品质，善于设置并运用思维导图和设置开放性问题来培养学生的发散思维能力、批判性思维能力和创新能力。此外，教师善于用智慧去启迪学生的智慧。该案例具有一定的实用性和启发性。

【参考文献】

[1]　常万里.指向思维品质发展的5E英语阅读教学[J].教学与管理,2018（34）：59-61

[2]　陈则航,王蔷,钱小芳.论英语学科核心素养中的思维品质及其发展途径[J].课程·教材·教法,2019（1）：91-98

[3]　程晓堂.核心素养下英语课堂教学的传承与创新[EB/OL].[2019-12-5].https://v.youku.com/v_show/id_XNDQ1ODkyNzI5Ng%3D%3D.html.

[4]　傅瑞屏.高校英语师范专业课堂深度学习的教学途径和策略[J].教育研讨,2020,2（4）：267-279

[5]　葛炳芳,洪莉,指向思维品质提升的英语阅读教学研究[J].课程·教材·教法,2018（11）：110-115

[6]　郭爱辛.英语教学中创新思维训练体系的构建[J].教育评论,2004（4）：118-119.

[7]　姜雪,缪海涛.基于思维品质培养的英语阅读教学研究[J].教学月刊·中学版（教学参考）,2018（22）：8-11.

[8]　林崇德.培养思维品质是发展智能的突破口[J].国家教育行政学院学报,2005（9）：21-26,32.

[9]　林崇德.培养思维品质是发展创造性的突破口：第三届全国思维型教学大会主题报告[EB/OL].[2020-10-27].https://www.sohu.com/a/428830633_100194097.

[10]　刘庆思,陈康.关于一年两考高考英语试卷中读后续写设计的研究[J].中小学外语教学（中学篇）,2016（1）：1-5

[11]　刘森.基于学科核心素养的英语教学——2018 TESOL中国大会带来的思考[J].教师教育研究,2018（5）：50-60

[12]　麦克·格尔森.如何在课堂中使用布鲁姆教育目标分类法[M].汪然,译.北京：中国青年出版社,2019

[13]　杨安芬.小学英语短剧化教学实践研究[J].全球教育展望,2020（9）：116-128

[14]　张献臣.人教版高中英语新教材使用中出现的主要问题分析与教学建议[J].英语学习,2020（10）：9-13.

第九章　物理教学中的创新思维训练

【引言】

物理学是自然科学领域的一门基础学科。科学思维，尤其是创新思维，是物理学科核心素养的重要方面。当前，在全国各行业、各领域加快推进科技创新的新形势下，创新思维训练对物理学科教学也越来越重要。研究表明，课堂采用创新思维培养模式教学，在一定程度上对培养学生创新思维有较好的作用，有利于提高学生学习成绩、培养敢于创新和勇于质疑的精神、发展学生创新人格等。本章将目前中学物理教学中常见的创新思维训练内容与策略做整体梳理，并进行具体实施案例分析，以期帮助中学物理教师在教学中开展创新思维训练。

【本章要点】

● 物理教学中创新思维训练的现状
● 物理教学中创新思维训练的方法和策略
● 物理教学中创新思维训练的案例

第一节　物理教学中创新思维训练的现状

由于物理学科需要学习者建构物理模型，应用数学等工具进行科学推理和论证，因而科学思维训练较易受到物理教师的青睐，创新思维训练更是如此。自21世纪以来，广大中学物理教师不断探索如何在教学中对中学生进行创新思维训练。本节就目前中学物理教学中的创新思维训练现状和训练策略进行系统介绍。

一、物理教学创新思维训练的现状

尽管目前还没有相关调查表明中学物理教学中创新思维训练的整体实施情况，但是，从已有的文献中，我们可以窥见中学物理教师已在以下物理教学内容中探索开展创新思维训练。

（一）运用实验训练创新思维

物理实验在教学中具有重要作用，是学生建构物理概念和规律的主要手段。在各类实验中，学生通过观察思考和动手操作，可以培养科学探究能力和创新思维能力。在教学中，运用实验训练创新思维的途径多种多样。①创新改进演示实验。教师在原教材提供的演示实验效果不太好、不能满足培养学生创新能力的情况下，可以根据实际情况对演示实验进行改进，或从生活实际出发，利用生活物品自制改装一系列演示实验、低成本实验。这样既"强化学生勇于进行科学探索和敢于改进前人科学实验方案的创新意识"，又有助于学生分析和思考，培养学生由现象到本质的逻辑思维习惯，发展创新思维。②开展探究实验。教师设计新奇的探究实验，或者将演示实验、验证性实验改变为探究实验，增加学生探究的机会。通过实验探究，学生能观察思考、发现问题、自主设计实验方案、寻找解决问题的办法、总结新规律、开拓思路，提高分析问题和解决问题的能力，发展创新思维能力。③拓展课外实验。教师开展课外兴趣活动，组织学生开展家庭小实验、课外小发明、开放性实验、实验竞赛，将物理课堂延伸到课外实践活动，拓展想象空间，培养发散思维，发展学生的创新思维。

（二）运用复习课训练创新思维

在教学中，教师比较注重引导学生通过复习，对所学物理知识体系进行归纳概括，厘清物理概念和规律体系的逻辑关系，触类旁通，举一反三。这种教学方式有助于训练学生归纳概括能力，发展创新思维。运用复习课训练学生创新思维通常有以下几种情形。①运用复习引入新课。教师在新课开始之前，运用复习旧知识的方法，让学生复习已学到的物理知识，并从中启发学生思考，训练学生演绎思维能力。例如，教师让学生复习电磁感应的本质，从磁通量的变化产生感应电动势，启发学生思考自感线圈的磁通量的变化是否会产生感应电动势。②运用复习结束新课。在一节新课即将结束时，教师运用复习巩固的方法，引导学生对新课所学知识进行归纳整理，训练学生对新知识的整体认识以及归纳概括能力。③单元复习。教师通过单元复习，引导学生将同一个单元的概念体系借助思维导图进行归纳整理，形成物理知识之间的上位关系和下位关系，训练学生创新认知结构的能力。例如，物态变化单元，教师引导学生学习物质三种状态两两之间的状态变化，形成关于物态变化的整体图式，训练学生归纳知识体系结构的创新思维能力。其他形式的复习，如章节复习、中高考复习，教师比较注重通过创新思维训练提高复习实效。

（三）运用习题课训练创新思维

物理习题解答与科学思维密不可分。教师非常重视在习题教学中训练学生的逻辑思维能力，运用习题课训练学生创新思维是教师发展学生创新思维的主要途径。有的教师在解题思维方法方面进行探索训练，包括一题多变、一题多解。教师通过变化物理问题的角度和思维的方向，让学生拓宽思路、思维向深处发展发散、突破思维定式、摆脱思维框架，训练学生思维的灵活性和独创性。有的教师侧重于物理解题中的科学思维方法训练，包括灵活运用极限法、图像法、类比法、整体法、对称法、移补法等。教师通过习题教学构建新教学模式进行发散思维与收敛思维训练，提高科学思维品质，即提升思维的深刻性、敏捷性、灵活性和批判性。

（四）运用研究性学习训练创新思维

研究性学习作为课程改革倡导的新学习方式，是一种开放式学习、自主合作学习，对创新思维的品质要求较高，是训练学生创新思维的理想训练方式。运用研究性学习开展创新思维训练通常有两种方式。一是借助探究活动开展研究性学习，培养学生的创新思维。教师从社会生活或科技应用中，发掘研究性课题，由学生自主设计研究方案、自主开展探究活动、总结探究结论。这种研究性学习活动让学生体验到探究的快乐、思维的兴趣、创造的愉悦。二是借助物理发展史开展研究性学习，培养学生的创新思维。由于物理学史可以再现物理学研究创新的真实过程，能够让学生体验到物理发展过程的困惑、矛盾、惊喜。教师从物理发展史中提取研究性学习课题，由学生带着物理学问题和思考，深入探究自己感兴趣的问题，了解物理学的思想观念和研究方法，体验物理学的思维过程，激发创新思维。

第二节　物理教学中创新思维训练的方法和策略

尽管目前还没有研究者从方法论角度就物理教学创新思维训练形成系统的训练方法理论体系，但是，从已有的文献中，我们可以窥见中学物理教师以及研究者们，已对创新思维训练的策略进行了实践探索。策略是方法在具体实践中的灵活运用。本书对这些实践做法概括整理，主要介绍如下一些常用策略。

一、方法论教育策略

引导学生如何思维，教会学生科学合理的思维方法，是创新思维训练应有之义。教师在物理教学中，结合新授课、习题课等内容，直接就创新思维的特点、形式和技巧进行训练指导，是物理教师训练学生创新思维常用的训练策略。①求同求异思维训练。教师运用同中求异、异中求同思维训练，培养学生从同类物理现象中寻找不同的物理规律，或者从不同的物理事物中寻找相同的联系，训练学生打破思维定式，运用发散思维开拓视野。②变式思维训练。由于物理概念和规律具有一定的适用条件和范围，当物理问题和情景发生了改变，学生所运用的物理概念和规律应做灵活改变。教师训练学生运用变式思维，对物理问题的情景进行改变，例如一题多变、一题多议、一题多解等变式方法，让学生掌握在复杂的物理情境中独立寻找解决问题思路的能力。③逆向思维训练。经验表明，学生往往只习惯于正向思维，而缺乏逆向思维。然而逆向思维往往能使研究的问题豁然开朗。教师在训练创新思维活动中，通常会教会学生由果索因，按照所要解决的问题，寻找需要的条件和方案，从相反的方向达到创新的结果。④想象力训练。虽然物理学研究和学习离不开逻辑思维，而教师训练学生的科学思维也是以逻辑思维为主，但是，科学发展史表明，想象力在科学发展中同样具有无穷的魅力。想象的成果极具创新性。未来的科技创新发展，离不开当代的青少年学生丰富的想象力。物理教师在教学中，培养学生的想象力比较关键，应培养学生如何根据生活现象进行合理想象的能力。⑤建立物理模型训练创新思维。建立物理模型是研究物理现象的常用方法。教师通过对物理模型的抽象和数学化，让学生达到对物理现象的本质规律的认识。特别是在复杂多样的物质运动形式中，有些现象看似区别很大，但是通过模型分析，它们往往具有类似的特征和规律。学生通过模型思维认识千差万别的物理事物，便于归纳总结物理事物的共同本质特征。

二、主体性策略

学生是物理创新思维活动的主体，教师只有充分调动学生思维活动的积极主动性，发挥学生运用多种思维形式解决物理问题的主体性，才能真正激发学生的创新思维。教师通过巧问互动、引导大胆猜想，鼓励学生积极参与，对学生充满信任和尊重，留给学生充分显示主体作用的机会，是提高学生主体性、训练创新思维的常用策略。此外，教师应注重激发学生探索物理问题的兴趣和动机，给予学生充分思维和延缓判断的机会，让学生真正理解和掌握物理问题的实质，萌发创造性思维的火化。教师还应适时组织学生开展讨论，在讨论过程中，让学生调整最佳精神状态，高效思维，充分发表个人的见解，也暴露自己思考中出现的偏差，互相启发，触发创新性想法，训练创新思维。

三、启发引导策略

教师通过启发提问，引导学生步步深入思考，是创新思维训练的各种方法和策略的基础和前提。运用启发引导策略训练学生创新思维，首先要强化问题意识。"问题"是创新活动的源泉，也是创新的开端。教师通过培养学生对物理世界的好奇心和质疑精神，启发学生打破思维定式，发现问题，激发思考，引起探究欲望，推动创新活动。其次要引导猜想。猜想也是一种创造性思维形式，物理教学应发掘教材中猜想的元素，适时引导学生大胆猜想。最后，启发学生对物理问题和猜想进行充分的互动讨论，是学生创新思维训练重要的环节。教师通过有效提问，将讨论的主题聚焦，并将讨论的内容逐层深入，可以有效地诱导学生的创新思维。

四、情境策略

学习情境是学生建构物理知识，发挥创新思维不可或缺的条件和环境因素。在创新思维训练过程中，物理教师比较注重创新思维情境的创设。一方面，教师注重营造和谐的课堂氛围。活跃的课堂气氛是创造性思维发展的重要条件，教师通过营造民主愉悦的课堂氛围，提高学生的情绪和参与课堂的积极性。另一方面，教师比较注重创设物理问题的情境。教师创设问题情境，启迪学生思考和讨论，引导学生发现问题和提出问题，激发学生创新思维和求知欲，使学生经历"问题情境—认知冲突—物理问题"的思维过程。

第三节　物理教学中创新思维训练的案例

在物理教学中，中学教师在训练学生的创新思维方面积累了丰富的案例。为了深入了解物理教师在训练学生创新思维中的一些独特做法，也为了让其他物理教师能深入学习和领会这些案例深层的思维训练策略，本节选取了四篇物理教学创新思维训练实践案例并加以分析。

案例一："声音的特性"创新思维教学案例

【案例背景】

这是一所普通的九年制学校，这是一个充满阳光的班级，这是一名满腔热情的老师，这是一群眼里对知识充满渴望的学生。

【案例主题】

这一节课我要上的是人教版八年级物理上册第二章第二课时——声音的特性。根据学生的年龄特点和现有的知识基础，本着"以学生为本，尊重学生主体作用"的原则，这节课我采用教师引导学生自主探究、合作学习的教学方法，充分发挥我校"走组制"的优势，积极创设高效的物理课堂。

【案例描述】

课堂应注重让学生经历一个从生活到物理、从自然到物理的认识过程，经历基本的科学探究实验和活动，从被动到主动，在锻炼能力的过程中掌握知识、技能，了解科技发展，从而融入现代社会中。

因此在新课教学前，我的导入如下：在多媒体教学平台里，我通过播放不同物体所发出的声音，如汽车和火车的鸣笛声、歌星歌唱的声音、各种乐器演奏声、各种动物的叫声等，让学生仔细去听，并且去分辨不同声音的发声体是什么，从而顺势引入"声音的特性"这一课题，让学生处于满怀兴趣的状态下，慢慢走进新课的学习。

"在讲话时，女同学的声音尖细，男同学的声音粗哑。声音的这种差别，物理中用音调高低来反映。女同学的音调高，男同学的音调低。乐器中小提琴的音调高，大提琴的音调低。声音为什么会有音调高低的不同？什么因素决定音调的高低？"看到同学们在小组内互相讨论，我接着给同学们提示："声音是由物体振动产生的，音调的高低一定与发声体的振动有关。"然后我给每个小组分发硬卡片和木梳。"请各位同学在小组内，先用一张硬卡片先后快拨和慢拨木梳的齿，注意听卡片发出的声音有什么不同？哪一次卡片振动得快？你认为声音的高低与声源振动的快慢有关吗？有什么关系？"经过实验之后，我随机叫了一位学生代表回答："快拨时听到的声音比较尖，声音高，卡片振动得快。声音的高低与声源振动的快慢有关。声源振动得越快，发出的声音越高。"我对这位学生代表的回答表示了肯定，为了培养学生阅读和获取有用的信息的能力，让学生继续阅读课本完成以下的知识清单：

（1）频率的物理意义是什么？什么叫频率？

（2）在国际单位制中，频率的单位是什么？

（3）物体振动的快慢、频率跟音调的关系是什么？

（4）大多数人能够听到的频率范围是多少？

（5）什么叫超声波？什么叫次声波？

完成知识清单之后，我公布答案，并且讲了一个有趣知识：很多动物都有完善的发射和接收超声波的器官。例如蝙蝠在飞行中不断发出超声波的脉冲，依靠昆虫身体的反射波来发现食物。海豚也有完善的"声呐"系统，使它能在浑浊的水中准确地确定远处小鱼的位置。我用这种方式进一步提高学生的兴趣。接下来，我继续将学生带入新的知识点——响度。由于实验较多，我选择在讲台上给学生演示以下实验：

（1）用细线把乒乓球吊起来，使乒乓球静止在竖直位置，恰好跟音叉的一个叉股接触。轻敲音叉，观察乒乓球被弹开的幅度。

（2）重敲音叉，使音叉发出响度更大的声音，观察乒乓球被弹开的幅度。

（3）比较音叉发出不同响度的声音时，乒乓球被弹开的幅度有什么不同。

我让学生认真观察实验现象，最后根据实验现象，给学生进行总结：物体振动的幅度叫振幅。物体的振幅越大，声音的响度就越大。"实际中，响度还跟听者与发声体的距离有关。距发声体越远，听到的声音越小，响度越小。因为声音在传播过程中，越到远处越分散。"紧接着，我抽三位同学出来做一个小实验：两位同学站在讲台，一位同学背对大家，站在教室后面，然后分别让两位同学大声说出"我爱我的祖国""我是中国人",接着问站在教室后面那位同学"哪位同学对应说了哪句话?"学生很自然说出了答案。"你是怎么知道哪位同学说了哪句话的呢","他们说话的特点不同"。接着,我进行以下的总结:"物理上,把不同的物体发出的声音具有的不同特色叫音色。"

最后,我叫各组成员自行梳理本节课的知识内容,把自己这节课所学到的知识与小组内的同学交流。这样可以培养学生总结归纳的能力,同时也可以帮助学生加深知识点印象。学生互相分享学到的知识后,我利用教学平台对学生进行少量的随堂练习,这样可以让学生能对知识学以致用,全面掌握本节课的知识,同时我也能对知识进行总结。

【结果与反思】

回顾本节课的教学,在新课导入时我通过播放汽车和火车的鸣笛声、歌星歌唱的声音、各种乐器演奏声、各种动物的叫声等,让学生去分辨不同声音的发声体是什么。在这个环节中,学生专注力高度集中,教室纪律十分好,可以看出,每一位学生都在积极参与,因为这些声音都是来源于生活,学生感觉十分熟悉又有兴趣,因此,参与度极高。在新课教学中讲解声音的三大特性时,我都采用实验的方法,充分发挥"走组制"的优势,让学生自主探究,培养他们的实验能力和观察能力。最后的组内总结环节和练习巩固环节,我充分调动组内成员"最后几分钟"的积极性。

通过这一节课,我进行了以下反思:物理是一门综合性较强的学科,学生不仅需要一定的数学基础,还需要对概念有一定的理解能力。八年级的学生首次接触物理这一学科,我认为"打基础、提兴趣、重发展"是教学的重中之重。物理源于生活,教师在教学过程中要联系生活中的实际现象来讲解物理概念,即结合生活激发实验兴趣、联系生活开展物理实验,让生活走进物理课堂、将物理知识应用于生活中。

案例原作者信息:广东第二师范学院高明附属学校 赖松陶

案例一点评

在本案例中,教师采用清晰合理的对比演示和学生活动,变换学习组织形式,训练学生学会对比观察,让学生通过对比来认识声音高与低的区别、大与小的区别,感受不同音色,等等,设计比较合理可行。本节教学训练学生比较方法的运用,让学生获取比较研究的创新结论,适合训练学生的创新思维。在本节教学中,教师采用各种直观教学手段,以启发提问突出物理事物之间不同特征的对比,这种训练策略具有一定的借鉴和参考意义。

案例二："人造卫星"创新思维教学案例

【案例背景】

2020 年 6 月 23 日 9 时 43 分，北斗三号全球卫星导航系统最后一颗组网卫星——"收官之星"——在西昌卫星发射中心成功发射，比原计划提前了半年。历经 26 年的巡天探索，北斗卫星全球系统星耀全球。2020 年上半年，全国上下共同抗击新型冠状病毒，北斗卫星导航系统为湖北方舱医院的建设提供了厘米级的高精度定位和测量服务。在这个背景下，高一学生刚好学习到天体运动的章节。在教学中，我们不应该仅仅是教给孩子们课本上的知识，更应该培养学生们分析问题的能力和解决问题的能力，把课堂的知识运用到我们的实际生活当中，培养学生们的创新思维。面对思维能力并不是很好的学生，教师在教学中采用不断设计小问题的引导形式，将复杂抽象的问题简单化，将未知问题转化成已知问题，通过体验知识探究的乐趣，培养学生的创新思维。

【案例主题】

本节课让学生观看视频资料并讨论、动手进行实践推导，通过三个科学探究让学生在不断出现的问题中学习和掌握人造卫星中同步卫星的轨道特点、同步卫星的高度等相关人造卫星的知识，使学生感受到本节知识的重要性，培养学生能联系生活中的实际问题进行研究的能力，并学会学习和掌握研究方法，提高学习的积极性。本节课在教学过程中通过不断涌现的问题，不断让学生感受知识的重要和不断培养学生的创新思维，从而让学生感受科学的魅力，提高学生们的学科素养。

【案例描述】

教师在课前进行情境设置。同学们纷纷走进多媒体教室，看到教室中的多媒体白板上，正播放着 2020 年 2 月，武汉为抗击新型冠状病毒而高效、迅速建设雷神山、火神山医院的视频文件。同学们的目光被视频中的中国速度和中国力量所吸引，在自己的座位坐下后，眼里满是惊叹和自豪。

多媒体播放北斗三号"收官之星"发射成功的现场视频，让学生感受中国科技进步，感受中国力量。

老师：同学们，中国在一块平地上建成了武汉火神山医院，1000 个床位，具备新风系统、负压系统、急救室、污水处理、食堂、水电气网，并能容纳 2000 医护人员的住宿，只用了 10 天！我们自己的北斗系统在医院建设的精准测绘中立下了功劳，在救灾减灾车辆的运输方面，北斗也提供了高精度的基准服务。2020 年 6 月 23 日 9 时 43 分，我国在西昌卫星发射中心将北斗三号最后一颗组网卫星——"收官之星"——成功发射，星耀全球！北斗三号全球卫星导航系统比原计划提前半年全面完成。北斗卫星导航系统是由中国自主建设、独立运行的卫星导航系统，是为全球用户提供全天候、全天时、高精度的定位、导航和授时服务的国家重要空间基础设施，能提供厘米级高精度位置服务。

教师用多媒体展示北斗卫星导航系统的模型图。

学生观察模型图。

教师提出问题：通过模型我们可以观察到人造卫星的轨道有什么特点？为什么？

学生观察思考得出：轨道都是以地心为圆心。卫星都是绕着地球做圆周运动，由地球对它的引力提供向心力，指向地心。

教师用多媒体展示极地卫星，赤道卫星，任意卫星轨道

教师提出问题：同步卫星的发射比一般卫星发射的要求和难度都更高，为什么要发射同步卫星呢？（通过解决实际问题提出发射同步卫星的必要性和重要性）

教师用多媒体播放同步卫星的动画演示。

教师提出下列问题：

①如果通信卫星不同步，为了接收信号，地面的天线要怎么做？

②不同步的卫星，一段时间后会不会跑到地球的另一边，那地面还能收得到信号吗？

学生通过观察动画得出下列结论：

①地面的天线必须不断改变角度才能接受信号

②当不同步的卫星转到地球另一边的时候，天线无论怎么改变方向都接受不到信号了。

学生总结：发射同步卫星能方便、稳定、持续地收到信号。

教师：发射同步卫星有什么用途？（播放同步卫星用于军事、气象的科技视频）

学生感受科学技术带给我们的便利，感受中国速度和中国力量，之后总结用途：通讯和监视地面，如通信卫星和同步气象卫星；传输电视节目，广播信号；军事侦察，长期监视某一地区……

教师提问：同步卫星如此重要，那如何才能成功发射一颗同步卫星呢？（培养同学们的创新思维，引出科学探究的几个问题）

科学探究一：同步卫星的轨道的特点。

学生通过观看动画思考：

①同步卫星做什么运动？

②同步卫星的向心力谁来提供，方向如何？

③同步卫星的角速度必须满足什么条件才能与地球同步？

学生通过讨论得出结论：

①匀速圆周运动。

②向心力由万有引力提供，方向指向地心。

③角速度必须与地球自转角速度的大小和方向相同（$\omega_{同}=\omega_{自}$）。（始终把课堂交给学生，老师只是起到一个引导的作用）

教师总结结论：同步卫星的轨道必须以地心为圆心，且轨道平面必须是赤道平面。

科学探究二：不同的同步卫星，它们所在的高度相同吗？

教师用多媒体展示思考题：已知地球的质量 M=5.97 kg，半径 R=6.37 m，自转周期 T=24 h，重力 G=6.67 N，那同步卫星离地面的高度等于多少？

学生讨论，并由代表讲解思路：同步卫星做匀速圆周运动，由地球对它的引力提供向心力，根据圆周运动规律就可以求解。

学生动笔计算结果：同步卫星周期 T=24 h，轨道半径 $r=R+h$，由万有引力定律和圆周运动规律，代入数据得 h=35900 km。

教师补充：所有地球同步卫星离地面的高度 h 是一恒定的值，大概是地球半径的5.6倍。

科学探究三：要实现全球通讯，至少要发射多少颗同步卫星？（培养同学们的创新思维，让课堂知识运用到我们的实际生活当中）

模型如图 9-1 所示。

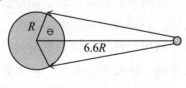

图 9-1

一颗同步卫星对应的圆心角为 2α，即 162.6°。所以至少需要 3 颗同步卫星才能覆盖整个地球赤道。

（通过计算，同学们培养建立模型的能力和解决实际问题的能力）

教师投影动画视频：三颗同步卫星作为通信卫星，则可覆盖全球。

总结：

①人造卫星的轨道特点：以地心为圆心的轨道。

②同步卫星的轨道特点：a.赤道平面；b.$\omega_{同}=\omega_{自}$，周期 $T=24h$；c.高度一定。

（通过总结知识让学生对知识总体的结构认识）

在播放中国航天事业的发展历程的视频中结束新课。

【结果与反思】

这堂课精心构思，是告知学生知识的教学，主要培养学生的创新精神、学科素养和学生运用知识解决实际问题的能力，让学生感受知识的重要，感受知识带给我们实际生活的变化。

教学设计过程很巧妙，好像从没有说要讲哪个知识点，却在不断地提出问题当中让学生开始学习。

整个教学过程的引入生动自然，围绕着解决问题的思路不断展开教学，学生始终在求知欲强烈的状态下学习每一个知识内容，并强烈感受知识的魅力和实用性。新教材新高考下的物理课堂教学要求我们不但要让学生掌握好知识，更应该在课堂中让学生留下点除知识外的爱国主义情感和解决实际问题的能力以及创新思维，这是我们当前课堂需要积极改进的地方。

案例原作者信息：江门市棠下中学 张仁

案例二点评

在本案例中，教师紧扣物理最新科技以及社会热点问题，通过当时疫情下的震撼视频及其背后的卫星通信系统，通过北斗"收官之星"发射现场的视频，以及同步卫星的视频等课程资源，使学生关心科技动态，关注国家发展，增强创新意识，激发创新思维活动效率。本案例以国家高新科技培养青少年学生创新思维的做法比较实用。本节教学，教师以科学探究为主，让学生积极主动地完成对同步卫星特点的认识，对同步卫星高度、覆盖范围的理论探究。在理论探究中，教师主要引导学生利用匀速圆周运动模型进行演绎推理，适合用于培养学生运用演绎思维分析推理，获取创新结论。在本案例中，教师创设新颖的物理情境，并启发学生通过合理的推理解决有意义的问题，训练学生创新思维能力，对于物理教学中训练学生的创新思维具有一定的参考意义。

【参考文献】

[1] 翟维全.中学物理课堂教学中创新思维的培养[D].北京：首都师范大学，2006.

[2] 姜慧媛.利用物理演示实验培养学生创新思维[J].学习月刊，2010（9）：

71–72.

[3] 李琪 . 物理实验课中创新思维培养策略分析 [J]. 中学物理教学参考，2019（14）：5.

[4] 田桂英 . 如何在物理教学中培养学生的创新思维 [J]. 延边教育学院学报，2013（6）：85–87.

[5] 刘文义 . 高中物理实验课创新思维培养策略分析 [J]. 中学物理教学参考，2019（10）：32–33.

[6] 翟建欣 . 物理教学中的学生创新思维的培养 [J]. 教育教学论坛，2010（9）：24.

[7] 杨洪山 . 高中物理实验教学中促进学生创新思维发展的策略探讨 [D]. 济南：山东师范大学，2011.

[8] 于超 . 初中物理实验中创新思维训练的研究 [D]. 济南：山东师范大学，2019.

[9] 杭汉艳 . 加强创新思维训练 提高复习实效——浅谈初三科学物理部分复习策略之一 [J]. 教育教学论坛，2011（19）：226–227.

[10] 黄健 . 物理复习教学中学生创新思维方法的训练 [J]. 六盘水师范高等专科学校学报，2005（3）：69–71.

[11] 王琼辉 . 中学物理教学中学生创新思维的培养 [J]. 昆明师范高等专科学校学报，2002（4）：82–85.

[12] 戴祖翼 . 关于物理解题创新思维训练 [J]. 合肥教育学院学报，2003（2）：101–103.

[13] 支从兵 . 高中物理习题教学中创新思维能力培养策略研究 [D]. 贵阳：贵州师范大学，2008.

[14] 白云朋 . 中学物理创新思维培养 [D]. 济南：山东师范大学，2003.

[15] 王超良 . 物理教学中培养学生创新思维能力的实践探索 [J]. 中学物理教学参考，2014（21）：63–66.

[16] 张向阳 . 在中学物理教学中培养学生的创新思维 [J]. 合肥教育学院学报，2001（4）：105–107.

[17] 孙君宏 . 初中物理教学中培养学生创新思维举例 [J]. 中小学教师培训，2003（5）：37–38.

[18] 王彦 . 论中学物理创新思维能力及其培养 [J]. 学科教育，2002（2）：38–42.

[19] 李琴 . 物理模型教学对高中生创新性思维能力培养的问题研究 [D]. 武汉：华中师范大学，2009.

[20] 胡春华.中学物理教学中创新思维能力培养研究[D].长沙：湖南师范大学，2004.

[21] 田桂英.如何在物理教学中培养学生的创新思维[J].延边教育学院学报，2013（6）：85–87.

[22] 张兆光.高中物理课堂教学中有效提问与学生创新思维的培养[J].延边教育学院学报，2010（3）：110–112，116.

[23] 张春燕.浅议在物理教学中培养学生的创新思维[J].教育教学论坛，2010（12）：13.

[24] 李赛男.初中物理课堂教学中创新思维能力的培养策略[J].中学物理教学参考，2020（6）：76.

第十章 化学教学中的创新思维训练

【引言】

　　化学是在原子、分子水平上研究物质的组成、结构、性质、转化及其应用的一门基础学科，不仅与经济发展、社会文明的关系密切，也是材料科学、生命科学、环境科学等现代科学技术的重要基础。化学在促进人类文明可持续发展中发挥着日益重要的作用，是揭示元素到生命奥秘的核心力量。

　　中学化学课程是落实立德树人根本任务、发展素质教育、弘扬科学精神、提升学生核心素养的重要载体。在化学教学中，教师倡导真实问题情境的创设，注重开展以化学实验为主的多种探究活动，重视教学内容的结构化设计，激发学生学习化学的兴趣，促进学生学习方式的转变，培养他们的创新精神，训练他们的创新思维和创新能力。化学是一门以实验为主的学科，化学实验是化学的灵魂和支柱，是科学探究的一种重要途径，也是培养创新思维的重要载体和手段。因此，化学教学在培养学生创新思维方面具有独特的优势。

【本章要点】
- 化学教学中创新思维训练的现状
- 化学教学中创新思维训练的方法和策略
- 化学教学中创新思维训练的案例

中学学科教学中的创新思维训练

第一节　化学教学中创新思维训练的现状

中学化学作为基础教育的一个重要方面，承担着训练学生创新思维和能力、提高学生综合素质的重要任务。近些年来，一些高校、中学的化学教育者对创新思维训练进行了一些有意义的研究，不少围绕创新思维训练的优质的专著、论文相继发表，也有越来越多的老师在中学化学教学过程中对培养学生创新思维方面进行了探索与实践。然而，总体来讲，应试教育仍然根深蒂固地扎根在基础教育的土壤中，中学化学教学仍是以应试教育为主，教师主导，教材至上，传统的教学方式束缚了学生的个性，学生缺少创新意识和创新思维，缺乏创新的空间。因此，对学生创新思维的训练和创新能力的提升仍然是中学化学教育的重要课题，也是当前化学教育改革的重点。

由于应试教育的影响，目前的化学教学中仍存在一些共性的问题，例如：

①在理论教学方面，教学过程重视知识与技能的传授，忽视了过程的体验和思维方法的训练，缺乏对学生创新思维和情感、态度、价值观的培养。采用"题海战术"，学生通过"刷题"来提高考试分数，而不善于总结归纳、拓展延伸。

②在实验教学方面，有的教师（或学校）不重视实验教学，实验做得少甚至不做，实验教学只是"纸上谈兵"；有的教师（或学校）做实验以演示实验为主，起不到训练的目的；有的教师（或学校）所做的实验"验证性"的比重较大，而"探索性"的实验不足甚至缺失；有的教师（或学校）开展实验教学过多，只关注实验操作和结果，而忽视了实验过程中思维方法的训练。在具体的化学实验教学中，教师往往过于追求某一实验或某一课堂的目标，而对于如何在整个中学化学实验教学中培养学生的创新思维缺乏整体把握和理论指导。

③教师自身缺乏创新意识。受传统教育的影响，大部分教师仅满足于传授知识，对教学缺乏研究，课堂教学几十年如一日，教学内容无更新，教学方法无变化，学生的能力得不到提升，思维得不到训练。

基于以上现状，对教学进行改革势在必行，训练学生的创新思维是教学改革的重点之一。

144

第二节　化学教学中创新思维训练的方法和策略

对学生创新思维的培养，应该紧密结合学生的学习过程而展开，融入化学教学的各个环节，融入相关的教育活动当中，让学生在学习中感受到轻松、自由的氛围，体验到创新的乐趣，树立起创新的信心，培养出创新的习惯。

在化学教学过程中，我们可以通过以下方法和策略来训练学生的创新思维。

一、课堂理论联系实际生活，提高学生的探索兴趣

生活中的各种生活现象蕴含了许许多多的化学知识和原理。在化学教学过程中，教师可以将理论知识和实际生活紧密结合起来，鼓励学生勤于思考、勇于探索、敏于创新，在打好知识基础的前提下，提高创新思维能力，加深对化学知识的理解和掌握。例如，教师可以引导学生开展家庭小实验，如自制酸碱指示剂来检验生活中一些物质的酸碱性，自制净水剂来检验水质，自制净水器来对水进行净化，探索废旧电池的组成，等等，也可以组织学生开展各种调研活动，如调研自来水厂的净水过程、市面上净水器的种类和原理、酒驾的测试方法及原理等。这些活动不仅可以吸引学生的兴趣，取得较好的创新能力培养效果，也可以培养学生认识学习化学的意义，提高对学习化学的兴趣。

二、在教学中开展化学史教育，激发学生的创新意识

我国著名化学家傅鹰教授曾经说过："化学可以给人以知识，化学史可以给人以智慧。"化学的发展过程本身就是一个创新的过程，新物质的发现，新理论的提出，都与科学家们的创新意识和创新思维分不开。结合化学史进行教学，可使教学追溯到它的来源和动态演变，帮助学生了解知识的形成过程，理解理论与实践之间的关系，揭示其中的科学思维和科学方法，以培养学生的创新意识和科学的思维方式。

三、在教学中调动学生主动性，给学生提供创新空间

在传统的教学中，教师是课堂的主体，学生大多只是被动地接受知识，学到的也主要是知识，其能力和思维得不到训练。要培养学生的创新思维，就要让学生"动"起来，让学生参与课堂教学，给学生提供思维的舞台，发展学生提出问题和解决问题的能力。要形成活泼、和谐的教学氛围，就要在有限的课堂教学中给学生留出充足的参与时间，引导学生去探究，使学生的学习由传

统的静态被动接受转化为动态主动发展，启迪学生的创造性思维。例如，联系生产实际、环境、能源等主题，在课内课外开展项目式教学，培养学生利用教材、图书馆、网络进行学习的能力，培养学生小组合作开展调研、探究等活动的能力，让学生提出问题并通过一系列努力去解决问题，从中体验创新的艰难与乐趣，成为课堂的主人。学生在最后通过课堂展示汇报研究成果，一方面获取知识，另一方面也锻炼了归纳总结和表达的能力。项目式教学模式让学生通过自主探索式的学习，自主建构获取的知识点，加深学生对相关知识点的记忆，更重要的是，可以挖掘学生的潜力，发展学生的个性，培养学生的自主能力，提高学生的参与度，给学生提供足够的提升创新能力的机会和空间。

四、习题设置灵活多变，培养学生的创新思维

中学阶段，即便是各种模式的"素质教育"，学生仍需完成大量的习题，来对所学知识点进行巩固和强化。在完成习题的过程中，让学生学会归纳总结、拓展延伸，有助于培养学生的收敛思维、发散思维等创新思维。如对一些同类的习题，教师可以对其加以梳理、归纳、提炼，揭开不同习题的表面现象，挖掘其本质上的共同点，达到解一题会一类的效果，可以更好地培养学生的收敛思维。另外，教师可以对一道题目进行各种变化，通过简单的变化实现知识点由易到难、由简到繁，引导学生从多角度、多方位、多层次思考问题，加强发散思维的训练。教师可以通过归纳总结、拓展延伸，在做习题的过程中从不同角度加强对学生创新思维的训练。

五、充分发挥实验的作用，提高学生的创新能力

化学是一门以实验为基础的学科，以化学实验教学为手段培养学生的创造性是化学教学特点的充分体现，在培养学生的创新思维和提高学生的创新能力方面起着独特的作用。

首先，教师可以对教材中重要的演示实验进行改进和创新。教材中的演示实验，多为验证性的实验，在教材中大多都提供了装置图，有较为详细的操作步骤，师生"照方抓药"，通过观察现象，得到结论，起到支撑相关知识点的目的。这些实验虽然可以起到"验证"的作用，但没有充分发挥学生的主体地位，也忽略了对学生创新思维的激发。因此教师可与学生一起，对演示实验进行创新，让学生从"解决问题"的角度出发，对实验进行改进，一方面使效果更加明显，一方面也可以培养师生的创新思维能力。

其次，教师在教学过程中可以根据教学需求，适当设置探究性实验。探究

性实验完全排除了实验结论的已知性，可以模拟科学研究的过程，从而促进学生的思考，发展思维能力。学生们在老师的适度引导下，自行进行实验的设计与探索，可激发学生的学习兴趣，使学生在实验的设计和实施过程中，开动脑筋，发展创新思维能力。

最后，除了课内的实验，教师还可以通过课外实验来培养学生的创新思维。教师可以充分利用课外实验，设计实验情境，使学生能综合运用所学知识、综合运用多项实验技能解决实际问题。教师可以指导学生设计实验方案，让学生利用身边材料替代规范仪器，完成规定实验任务，强化学生的观察能力和实验动手能力，如自制净水器、自制原电池、自制酸碱指示剂等。教师也可以开展一系列课外活动，促进学生动手、动脑、小组研讨，巩固课内知识，发展创新意识。

总之，化学是一门以实验为基础的学科，教师在化学的教学中要充分结合实验，通过实验改进、实验探究、项目式教学等方式，更好地展现实验课堂的魅力，提高学生学习化学的兴趣，激发学生的积极性和创造性，从而促进学生自主创新能力的发展，推动素质教育的实施。

第三节 化学教学中创新思维训练的案例

案例一："铁的重要化合物"创新思维教学案例

【案例背景】

本节课为"铁的重要化合物"，教学对象为江门市棠下中学的高一同学。学校虽是国家示范性高中，但学生基础一般。因此，授课的内容和方式还是立足基础，逐步提高化学学科核心素养和学习能力。

【案例主题】

在人教版高中化学必修一（2019版）的教材中，"铁及其化合物"位于第三章的第一节。元素化合物知识是中学化学的基础知识，也是学生今后在工作和生活中经常接触、需要了解和应用的基本知识。铁元素又是一种多价态元素，是课程标准要求学习的典型金属元素之一。教材引导学生在复习、拓展已学知识的基础上，从氧化还原反应和离子反应的视角，提升对铁及其化合物知识的认识，强化铁元素不同价态间的转化关系，发展"宏观辨识与微观探析"和"科学探究与创新意识"的学科核心素养。教材还关注学生的探究活动和实践活动，运用来自生产或生活的素材创设真实情境，发展学生解决真实问题的能力。

【案例描述】

◆环节一："变色的花朵"实验情境引入

·**教师活动**：事先准备好白色的纸花，浸了 $FeCl_3$ 溶液后晾干，此时纸花为淡黄色，准备一个小的透明喷壶，里面装上无色的 KSCN 溶液，展示给学生看。教师在课堂上请一位同学上台送花，然后再请同学们注意观察，纸花喷了无色的"水"后有什么现象，思考纸花为什么会变成红色呢？

·**学生思考并进行猜想**

·**教师引导**：魔术中隐藏了一条关于铁的化合物的重要知识。结合学生对铁的认识，师生共同完成知识线索，绘制铁及其化合物"价—类"二维图。

·**设计意图**：通过真实、有趣的化学实验，教师带领学生进入铁的化合物世界，激发学生的学习兴趣，调动学生积极性，及时引导学生运用分类思想对物质进行分类，绘制铁及其化合物的"价—类"二维图。

◆环节二：分类学习铁的重要化合物，并通过实验探究其性质。

·**学生活动**：学生观看微课，认识铁的氧化物，并完成导学案中相关知识的归纳。

·**设计意图**：铁的氧化物内容较简单，教师在两分钟的微课中把铁的三种氧化物生动地比喻为三兄弟，通过有趣的动画设置和简洁形象的语言描述，迅速地让学生自学到铁的三种氧化物的性质和用途。学生随后完成导学案中物理性质和离子方程式的书写，初步体验运用分类和离子反应研究化学物质的思想，建构分类观。

·**小组讨论**：氧化铁、氧化亚铁都能与酸发生反应生成对应价态的盐——铁盐、亚铁盐。这两种盐如何鉴别区分呢？

·**学生实验**：铁盐与亚铁盐"分组实验一"。

实验一：在 5 mL $FeCl_3$ 溶液中滴入 2 滴 KSCN 溶液，观察现象，随后加入 2 药匙铁粉，振荡，观察现象。

实验二：在 5 mL $FeCl_2$ 溶液中滴入 2 滴 KSCN 溶液，观察现象，随后加入 3 滴 H_2O_2，振荡，观察现象。

学生分别在学案中记录相关实验现象，写出化学（离子）方程式。

·**教师引导**：学生通过实验得出 Fe^{3+} 与 Fe^{2+} 可以互相转化，并回归铁的"价–类"二维图（如图 10-1 所示）。

$$\text{Fe}^{2+} \xrightarrow[\text{还原剂：Fe、Cu、VC（维生素C）等}]{\text{氧化剂：O}_2\text{、Cl}_2\text{、H}_2\text{O}_2\text{、酸性KMnO}_4} \text{Fe}^{3+}$$

图10-1 铁的"价-类"二维图

$FeCl_2$、$FeCl_3$ 除具有盐的通性外，Fe^{3+} 有较强的氧化性，Fe^{2+} 有还原性。

同时，实验也解答了学生关于"变色的花朵"的疑问：Fe^{3+} 与 KSCN 溶液反应变红。

· **学生实验**：铁盐与亚铁盐"分组实验二"。

实验三：在 2 mL $FeCl_3$ 溶液中滴入 NaOH 溶液。

实验四：用长滴管吸取少量 NaOH 溶液伸入 5 mL 新配 $FeSO_4$ 溶液液面下滴入。

分别在学案中记录相关实验现象，写出化学（离子）方程式。

· **教师提问**：你能想到哪些 Fe^{2+}、Fe^{3+} 的检验方法呢？

· **学生思考并列举**：观察颜色，用 KSCN 溶液鉴定，用 NaOH 溶液鉴定，等等。

· **设计意图**：通过小组实验，教师让学生通过实验现象预测物质可能具有氧化性或还原性，从类别和价态的角度动态地认识铁盐的性质，运用分类思想和氧化还原理论分析学习物质的性质。

· **教师引导**：为什么 $Fe(OH)_2$ 沉淀迅速变成灰绿色最后变成红褐色？

在制备 $Fe(OH)_2$ 时应采取哪些措施防止其变色？

· **学生活动**：分析给出的两种改进后的、制备 $Fe(OH)_2$ 的实验方案的原理。

· **教师活动**：请依据以上所学物质的性质，在铁的重要化合物的"价－类"二维图中标注物质间的转化规律，并写出相应的条件和所需的物质。

◆环节三：学以致用，归纳总结

· **学以致用**：治疗缺铁性贫血的口服液当中主要含有亚铁盐，广告说"VC和铁搭档效果会更好"，为什么？

怎样正确保存亚铁盐溶液，为什么？

· **设计意图**：教师让学生深刻认识到以元素为核心的物质转化形式，即相同元素价态不同物质类别间的转化和不同元素价态间的转化。教师引导学生总结出从物质类别和化合价角度认识物质性质的思路和方法。并且，教师要让学生能有意识地运用所学的知识或寻求相关证据参与有关金属材料的社会性议题的讨论。

【结果与反思】

在本节课中,学生首先从魔术"变色的花朵"带着疑问,沿着"价-类"二维图这条知识线索,深化了分类观和离子反应、氧化还原反应的知识理论理解,初步具备了研究元素性质的一般规律和方法。其次,在铁的重要化合物的认识和学习中,学生发展了"宏观辨识与微观探析"和"科学探究与创新意识"的学科核心素养。最后,探究活动的开展,引导学生进行知识的建构和知识的迁移,并能让学生回归生活,发展学生解决真实问题的能力。但要进行核心素养的培养,教师还要渗透 STEM 教育,紧跟时代潮流,才能培养出有知识、懂技术、与世界同步的人才。

案例原作者信息:江门市棠下中学 李晓

案例一点评

在本案例中,李老师结合微课、导学案、实验探究、"价-类"二维图等教学手段,进行高中化学"铁的重要化合物"的教学,比较成功地展示了新课程理念下的实验探究课,着重培养了学生的"宏观辨识与微观探析"和"科学探究与创新意识"的学科核心素养,并注重让学生运用所学知识来解决实际问题,对培养学生的创新思维有一定的作用。课程在培养学生的创新思维方面,还可进一步加强。例如,在关于氢氧化亚铁的制备部分,教师可以列出几个改进后的实验方案,让学生分析讨论方案的优缺点及包含的实验原理,并让学生利用面前的药品和仪器完成实验,对比实验效果。同时,教师布置课后作业,让学生思考并讨论是否有更好的改进方法,给出装置图和实验方案,培养学生设计实验方案的能力和创新思维。

案例二:"'新冠'疫情下项目式学习——以'生理食盐水配置和精美大晶体制作'项目为例"创新思维教学案例

【案例背景】

在 2020 年"新冠"疫情的大背景下,教师结合中山大学附属中学原有的学习资源,设计具有真实情境的项目研究:"新冠"疫情下项目式学习——以"生理食盐水配置和精美大晶体制作"项目为例。中山大学附属中学是广东省一级学校,学生综合素质都不错,自主学习能力强。因此,在化学教学过程中,我们也尝试在传授知识和技能的同时,通过各种类型的教学活动,培养学生的综合能力和素养。此教学案例历时较长，通过课内、课外多种途径实施，得到了学生、家长的支持配合以及多位专家学者的指导，完成了完整的知识结构单元。

【案例主题】

九年级化学第九单元——溶液——是一个以概念学习为主的单元，其内容较抽象难懂，知识的综合性比较强，知识的内在逻辑性也很强。但是因课堂时间有限，学生未能深入理解概念的内涵和概念之间的逻辑关系。教师用传统的"讲授式"方法教学时，一部分学生难以理解，不了解所学知识与社会的联系，学习动力不足。本课题通过项目式学习与多种方式的实践活动开展教学，提高了学生的积极性和参与感，既符合初中化学的学习基础和知识目标，又可提升学生自主学习能力、科学探究和创新能力。

【案例描述】

创设情境：疫情的突然到来打乱了习以为常的生活节奏。我们是幸运的，能回到温馨的教室里和伙伴们一起听老师讲课，而奋战在疫情一线的医护人员们和病床上的患者仍在时刻与病毒抗争。他们中，有我们的亲友，有我们尊敬的人。虽不在抗疫一线，但我们也希望为他们做点什么。就从我们身边做起吧，做好日常消毒和个人卫生防护，为社区环境卫生做宣传，给我们可敬的医护人员送上一份爱心礼物。

任务一：消毒液知多少？

环节一：调查医院常用的消毒试剂，教学方案见表 10-1 所列。

表10-1　任务一中环节一的教学方案

教师活动	学生活动	设计意图
【引入】由新冠疫情引发学生对医护消毒重要性的认识。 【提问】哪些消毒液适用于皮肤的消毒？其他的为何不能直接与皮肤接触？ 【引导】对医院常用的消毒试剂进行归类，了解其适用范围	【活动】课前学生分小组调查医院常用的消毒试剂。双氧水、医用酒精、紫药水、碘酊、84 消毒液、ClO_2、福尔马林等。在课堂上，教师对消毒液的主要成分、用途和配制方法进行介绍。 【思考】消毒液主要成分的性质和含量对其适用范围的影响	通过对医院常用的消毒试剂的调查，学生的学习兴趣被激发，了解到了溶液的相关概念，对溶液的应用有所认知

环节二：通过实验了解溶液的形成过程、组成和特征，教学方案见表 10-2 所列。

表10-2　任务一中环节二的教学方案

教师活动	学生活动	设计意图
【提问】溶液是如何形成的? 【引导】如何从微观角度解释溶解过程的宏观现象?	【实验】配制葡萄糖溶液,并检测其温度变化和导电性。 【观察记录】溶液形成前的状态、溶解过程的现象及溶解后的状态。 【讨论】状态、溶解速度、溶解过程的温度变化、能否导电等	学生通过对实验现象的观察,认识溶质与溶剂,能够准确表达溶液的特征。
【提问】紫药水和碘酊的配方中,溶剂为何不一样?	【实验】碘和高锰酸钾在水和无水乙醇中的溶解性 【讨论】对比分析溶质和溶剂的关系	本节课用对比的方法让学生探讨物质的溶解能力

环节三:通过实验和讨论了解洗手液的作用,教学方案见表 10-3 所列。

表10-3　任务一中环节三的教学方案

教师活动	学生活动	设计意图
【提问】为何洗手液能够去除手上的油污。 【引导】洗手液中有很多添加成分,为减少干扰,如何选用适合的试剂进行实验?	【实验】水、植物油和洗涤剂的混合对比探究实验。 【讨论】洗涤剂的洗涤原理	通过对比实验,建立乳浊液和乳化的概念。
【提问】通过本节课你了解到什么?	【总结】溶液的相关知识和生产生活中溶液的用途	了解溶解和乳化的区别

任务二:配制溶质质量分数为 0.9% 的生理盐水。

环节一:通过调查和讨论了解保护口腔的方法——盐水漱口,教学方案见表 10-4 所列。

表10-4　任务二中环节一的教学方案

教师活动	学生活动	设计意图
【引入】日常保护口腔的方法:盐水漱口	【活动】课前分小组调查保护口腔卫生的方法。 【讨论】盐水漱口时的盐水浓度	从生活场景引入主题——溶液的浓度

环节二:配制 75% 的酒精消毒液,教学方案见表 10-5 所列。

表10-5　任务二中环节二的教学方案

教师活动	学生活动	设计意图
【提问】75% 的酒精消毒液中的"75%"表示什么？	【实验】配制 75% 的酒精消毒液 【讨论】溶液浓度的表示方法	区分不同的溶液表示方法

环节三：通过实验和讨论掌握如何准确配制 100 毫升生理盐水，教学方案见表 10-6 所列。

表10-6　任务二中环节三的教学方案

教师活动	学生活动	设计意图
【提问】我们的实验条件能否精准的配制溶质质量分数为 0.9% 的氯化钠溶液？	【实验】配制 0.9% 的生理盐水 【讨论】减少实验误差的方法： 方案一：选用精密度高的称量设备。 方案二：先配制高浓度溶液再稀释。 方案三：…	学会如何准确配制一定浓度的溶液
【提问】本节课的你学会了什么？	【总结】以流程图的形式总结配制一定浓度的溶液的过程	

任务三：制作美丽的大晶体做礼物。

环节一：通过实验和讨论理解溶液的结晶现象（1 课时），教学方案见表 10-7 所列。

表10-7　任务三中环节一的教学方案

教师活动	学生活动	设计意图
【引入】教师通过 PPT 图片展示部分宝石矿物标样，介绍其主要化学成分，引入本项目——硫酸盐大晶体的制作	【阅读图文】初步思考宝石的成分对宝石颜色的影响	

教师活动	学生活动	设计意图
【提问】有色溶液的浓度与溶液的颜色变化有何关系？ 【引导】从微观角度解释溶解极限这一宏观现象	【实验】无水硫酸铜溶于水。 【观察】有色溶液中，溶液颜色越深，浓度越高。 【讨论】硫酸铜固体能否无限量地溶于水中？ 【思考】如何区分饱和溶液与不饱和溶液？	教师从美丽的宝石引入主题，重点介绍蓝矾晶体、明矾晶体和绿矾晶体的成分和晶体形状，从溶解与结晶的角度介绍硫酸盐晶体的形成过程。教师以硫酸铜晶体为例，进行实验探究与讨论，引导学生从微观角度理解溶解极限、溶液结晶等宏观现象
【提问】加热对溶液溶解度有何影响？ 【引导】从微观角度解释溶液结晶这一宏观现象	【实验】加热有多余固体的饱和硫酸铜溶液。 【观察】随着溶液温度升高，硫酸铜固体渐渐溶解，颜色更深。 【分析】硫酸铜溶液的溶解度随温度的升高而升高。 【思考】一定温度下，如何判断溶液已达到饱和？哪种方法最稳妥？	
	【实验】冷却结晶。 【观察】最先析出晶体的位置	
	【实验】蒸发结晶。 【分析】无水硫酸铜粉末和蓝色硫酸铜晶体的差异	
【引导】将科学理论转化为科学技术，再投入生产生活的运用	【讨论】结晶技术在生活、生产中的运用	

环节二：设计实验方案定量制备硫酸铜饱和溶液（1课时），教学方案见表 10-8 所列。

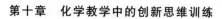

表10-8　任务三中环节二的教学方案

教师活动	学生活动	设计意图
【资料】分析硫酸铜的溶解度的变化。	【作图】根据溶解度表画出硫酸铜的溶解曲线图，估算70℃时硫酸铜的溶解度	学生通过情景设计进一步理解溶解度与饱和溶液等概念。学生学会依据需求设计合理的实验方案，并能归纳总结定量公式：①蒸发后饱和溶液的质量＝蒸发前溶液的质量－蒸发的水的质量－析出晶体的质量。②蒸发后饱和溶液中硫酸铜的质量＝蒸发前溶液中硫酸铜的质量－析出的硫酸铜晶体的质量
【引导】在设定条件下，如何配制需要的试剂？ 【计算1】20℃时，100毫升水溶解能溶解多少克无水硫酸铜，形成的饱和溶液溶质的质量分数是多少？ 【计算2】无水硫酸铜易受潮，实验室一般使用五水硫酸铜晶体制备饱和溶液。请问60℃时，制备100克饱和硫酸铜溶液，需要多少克五水硫酸铜和多少毫升水？ 【计算3】60℃时的100克饱和硫酸铜溶液，在温度降到室温20℃时，能析出多少克晶体？	【讨论】完成学案的计算。 【思考】在计算3中，如果忽略水的蒸发，如何再次得到这么多克晶体？ 【讨论】加热的温度是不是必须固定不变？ 【设计】如果想要析出20克五水硫酸铜晶体，你该如何配制溶液？<table><tr><td>室温</td><td>称用五水硫酸铜固体</td><td>量取蒸馏水</td><td>温度加热至</td></tr><tr><td>20℃</td><td>___ 克</td><td>__ 毫升</td><td>___ ℃</td></tr></table>【实验】按设计的方案配制溶液。 【讨论】20℃时的100克饱和硫酸铜溶液，自然蒸发了10克水，请问析出多少克晶体？	

环节三：通过实验探究大晶体形成的影响因素（1课时），教学方案见表10-9所列。

155

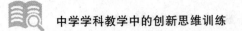

表10-9　任务三中环节三的教学方案

教师活动	学生活动	设计意图
【引导】分析理论计算和实际结果的差异。 【资料】认识和区分单晶体和晶簇	【观察与讨论】从上次课贴标签的烧杯中挑选一颗较为规则和完整的硫酸铜晶体,各小组分享该晶体形成的位置,描述硫酸铜晶体的形状。比较哪一组的单颗晶体最大最完整,猜测出现该差异的原因	通过观察、理论分析和实验探究,归纳影响硫酸铜单晶体成长的主要因素,进而应用到探究其他晶体的成长过程,从理论上指导小组制作大晶体作品
【引导】利用思维导图,分析晶体的形成和成长过程,探讨影响晶体大小、形状和成长速度的可能因素	【讨论】制作硫酸铜大晶体(单晶体)的步骤	
【指导】探究实验的一般步骤 举例: ①简单的实验探究: 溶液冷却速度对析晶的影响。 ②综合的实验探究: 饱和溶液中晶体的析出位置的探究	【讨论】分析影响单晶体大小、形状和成长速度的可能因素。 【设计】汇总各小组的猜想,分类分析。各小组挑选 1~2 个小猜想进行实验设计。 【探究】实验探究,验证小组猜想。 【归纳】讨论影响硫酸铜大晶体(单晶体)形成的主要因素	
【引导】根据学生兴趣,引导学生进一步探讨和实验	【讨论】晶簇的形成和培养与单晶体的培养有什么相同点和不同点?如何设计实验呢?	

环节四:设计并制作大晶体创意作品(课后实验),教学方案见表 10-10 所列。

表10-10　任务三中环节四的教学方案

教师活动	学生活动	设计意图
【资料】介绍明矾、绿矾和金属晶体的制作和注意事项。 【引导】不同晶体的特征不同,如晶胞形状、溶液的酸碱性等,要依据晶体特性进行作品设计。	【信息】搜索可以制作大晶体的物质。 【设计】依据晶体特征设计晶体作品的制作流程以及注意事项。 【活动】制作具有创意又美观的大晶体作品	通过制作活动,将本课程所学的理论和技术应用到制作大晶体的过程中,通过实践验证所学知识

任务四：项目汇报。

环节一：各小组创意作品汇报展示，教学方案见表10–11所列。

表10–11　任务四中环节一的教学方案

教师活动	学生活动	设计意图
【点评】组织各小组制作PPT进行作品汇报并点评	【活动】学生利用课后时间制作一款大晶体作品，撰写研究日志和实验报告，拍一张作品艺术照，进行校内评比，并课堂上进行作品汇报	通过一场竞技形式的展示活动，既要求学生有一定的理论知识和动手实践能力，还考验小组协作能力、创新能力、表达能力和审美能力

环节二：总结本课题的知识点并分享收获，教学方案见表10–12所列。

表10–12　任务四中环节二的教学方案

教师活动	学生活动	设计意图
【引导】如何对整个课题的知识点进行归纳和梳理	【小结】用思维导图总结本课题的知识点。 【分享】分享参与本次课题的收获	通过制作思维导图的形式检查学生对本课题的理解是否清晰和完善

【结果与反思】

本课题通过项目式学习与实践活动，提升学生自主探究学习的能力，包括学科核心概念的理解、信息的收集与利用、实验设计与探究等。本课题以小组组内合作和小组间协作的形式，细化小组成员分工，进行成员优势互补，提高学生的合作能力和竞争意识，通过小组成果展示活动，提高学生的写作能力、沟通能力和语言表达能力等。

本课题的开展需要较长的实验活动时间，在实验室条件有限的情况下可以利用家庭实验的方式，让学生每天观察和记录晶体的成长，发现问题，总结规律。实验不可避免地会遇到问题，而这些自然生成的问题正是学生进行实验探究的动力。每个小组的解决方案都可分享，供其他小组参考。

案例原作者信息：中山大学附属中学 马春秀等

案例二点评

此教学案例摆脱了传统课堂的束缚，采用项目式学习的方式，来解决传统教学模式存在的一些弊端，帮助学生更好地理解知识，同时培养学生的综合能力和核心素养。本案例通过调研、实验探究、创意作品、总结展示等教学活动，做到师生总动员、家长总动员，调动多方资源，将项目任务的问题解决同学科核心知识的学习应用相互结合、相互支撑，引导学生在完成项目任务的同时，掌握化学核心知识，发展化学学科核心素养，不仅有利于提升学生发现问题和解决问题的能力，还提高了学生的动手操作、协作学习以及创新思维等能力，有利于实现学生的全面发展和综合素质的提高。

第十一章　生物学教学中的创新思维训练

【引言】

生物学是一门研究生物现象和生命活动规律的自然学科，也是发展最为迅速的学科之一。生物科学经历了从现象到本质、从定性到定量的发展过程，并与工程技术相结合，对社会、经济和人类生活产生越来越大的影响。生物科学不仅是一个理论丰富的知识体系，也包括了人类认识自然现象和规律的一些特有的思维方式和探究过程。

《义务教育生物学课程标准（2011 年版）》和《普通高中生物学课程标准（2017 年版）》均指出要培养学生养成理性思维的习惯或具备理性思维的生物学科素养，均强调了理性思维。理性思维是一种建立在事实和逻辑基础上的思维，是一种能够把握事物本质与规律的能力活动，是能对事物或问题进行观察、分析、推测、归纳、验证的思维方式。理性思维的内涵其实也是科学思维或创新思维。在进行生物学教育过程中，教师可以通过多种手段，训练学生的理性思维，通过自己的思维与方式解决生物学问题，以此达到教学目的。本章对生物学教学中创新思维训练的现状、方法、策略进行了概述，并对生物教学中创新思维训练的案例进行了分析，期望为基础教育工作者提供帮助。

【本章要点】

● 生物学教学中创新思维训练的现状
● 生物学中创新思维训练的方法和策略
● 生物学教学中创新思维训练的案例

第一节　生物学教学中创新思维训练的现状

创新是生物科学迅猛发展的核心，思维创新、方法创新、工具创新都与之密切相关。有人统计，在诺贝尔奖设立以来，60% 左右的奖项都得益于科学观念、思维方法或手段的创新。有人也曾对创新思维进行概念界定，如通过新颖独创的方法解决问题的一种思维过程，这种思维往往能突破常规思维的界限，以超常规甚至反常规的方法、视角去思考问题，提出与众不同的解决方案，从而产生新颖的、独到的、有社会意义的思维成果。

生物学教学中的创新思维内涵，可以概括为教师打破固有的思维模式，在原有的思维方式基础上，运用可行的思维方式对教学进行新的思考，并采取富有创造性的、指导性的实施方案，最终达到教学目标。

然而，目前我国在生物学教学中的科学思维培养程度并不高，系统性不强，会影响学生的创新思维和创新精神。虽然初高中生物学内容的设置注重内容之间的综合性、连贯性、系统性，以及各部分内容存在很强的逻辑性，但在传统生物学课堂教学中，教师单纯授课、学生一味听课的方式还比较常见。这种方式缺乏对学生系统性思维能力的培养，在应试的大背景下，课堂实验或课堂讨论显得不足。由于教育资源分布不均衡，相当一部分学校并未开设实验课，更谈不上开展科学探究性实验。此外，教师的创新教学也需要得到提高，传统的教学阻碍了教师的思维拓展。如何在基础教育过程中培养学生的创新思维，也是广大基础教育工作者面临的重要课题。

第二节　生物学教学中创新思维训练的方法和策略

生物学是一门理论与实验紧密结合的学科，在大量的实验验证基础上凝练出各种理论。许多的未知生命奥秘在现有理论的指导下、在各种崭新科学技术的推动下得以揭示，理论和科学技术相互促进并推动着生命科学的发展。学生是创新思维的主体，要挖掘学生的创新思维，教师需要提升自身的创新思维或者科学思维素养，才能根据教材内容采取不同的策略，在教学内容中渗透创新思维，以此启发学生的思维。

在生物教学过程中，教师可以采用综合性思维、联想性思维、发散性思维、逆向性思维、求异性思维训练等。

一、创新思维在中学生物学理论教学中的应用

（一）综合性思维在生物学理论教学中的应用

综合性思维体现在对生物系统性的把握上，将生物与生态系统的认识统一为一个整体，按它们内在的、必然的、本质的联系联系在一起，从而把握生命的本质和规律。

初中生物学整个内容的设计与编排体现了生物的系统性特征，各部分之间存在内在的联系。在学生初学生物学的时候，教师应该给学生强调生物、生态系统的统一性，强调人与自然的和谐共处、地球是人类共同的家园、地球上的所有人构成了人类命运共同体，人是一个有机的整体，人体的各个系统存在着内在联系。学生在学习所有内容的时候，就能够将各部分内容联系起来，使各部分内容不至于支离破碎。

新高中教材"分子与细胞"、"遗传与进化"、"稳态与调节"、"生物与环境"以及"生物技术与工程"也充分体现了生物的整体性与系统性：分子是遗传的基础，分子遗传离不开细胞，生物的遗传伴随着生物的进化；以中心法则为主线，展开 DNA 的复制、RNA 转录和蛋白质翻译等内容；生态系统与人体一样需要处于稳定的状态，而这种稳态受到各种因素的影响，正是由于生物与环境相互影响、相互作用，地球才得以健康发展。

因此，意识到生物学的整体性与系统性，教师在教学过程中围绕这条主线，就会做到形散神不散，收放自如。

（二）联想性思维在生物学理论教学中的应用

联想性思维指可以利用已有的经验创新，将表面看来比较分散的事物，如生物各部分教学内容联系起来，如常说的由此及彼、举一反三、触类旁通等。如果学生被灌输了生物的系统性的意识，那么就会形成一定的综合性思维，在此基础上做到联想性思维就显得比较容易。

如"植物通过开花、结果形成种子，以种子繁殖后代"这一概念，教师可以引导学生打破思维定式，思考植物除了种子可以繁殖后代以外，是否还有其他繁殖方式呢？学生就会积极思考，如富贵竹的茎、土豆的块茎等都可以进行植物的繁殖。教师在此基础上进一步提出"叶可以繁殖吗"这一问题，进而指

出植物的快速繁殖技术，即植物的全株都可以进行繁殖，能够以全能细胞－干细胞为基础繁殖植物的完整植株，大大拓展了学生的知识视野。

如案例二（见下文案例）中，提及植物的根分生区存在"干细胞"，那么教师可以适当提问，植物除了根部有干细胞，在其他部分是否存在干细胞？由此学生会联想到植物茎顶端分生组织与细胞。教师适当提问"南方地区台风来时，为什么榕树不易被刮倒"，学生会进一步联想植物的根对植物生命的重要性以及其中蕴含的科学道理，并且尝试学会去解释生活中的一些问题。

在讲授"生物的变异"一章时，教师往往能够注意到在讲解生物变异基础上，拓展关于生物变异在生产生活中的应用，但不太关注基因变异会给人自身带来什么样的影响。如果学生能够联想到关于人基因突变的有害性，就会非常自然联系到健康生活方式对人类的重要性，那么其情感目标就会得到升华。

高中生物学的肺炎链球菌转化实验中，对两种不同的细菌通过加热的方式，导致其中一种细菌被杀死，那么教师可以进一步提出问题：加热的温度需要维持多少摄氏度？为什么？除了加热的方式，还有哪些方式可以杀死细菌？S型细菌转移到R型细菌的DNA来自主染色体还是质粒DNA呢？该实验除了证明DNA是遗传物质以外，还能够证明什么问题？如果进一步将此实验与常用的PCR技术或者细菌培养技术结合起来，教师则会将多个内容衔接起来。

上述例子充分体现了由此及彼、举一反三、触类旁通等特点。这对教师也提出了较高的要求，如教师需要充分了解知识之间的内在联系，这样才有丰富的联想，才能锻炼学生的联想性思维。

（三）发散性思维在生物学理论教学中的应用

发散性思维是一种开放性思维，其过程是从某一点或者问题出发，任意发散，不受方向和范围的限制，产生较多的可供选择的答案、方案、办法及建议，能提出一些别出心裁、出乎意料的见解等。在案例一（见下文案例）中，教师事先收集学生对于鸟卵的疑问。学生在没有系统学习鸟卵知识之前，会根据自己的认知，提出各种各样的问题，这就体现了一种发散性思维。在案例二中，教师也可以设计一些问题，如"关于植物的根，你会想到哪些问题或者谚语"，给予学生充分的发散思维空间，那么接下来可以对这些问题的答案进行分析，提炼出与本次授课内容相关的问题，以问题为导向进行本次授课。

再如关于生物技术的安全性和伦理问题，教师可以让学生积极思考，如你如何看待基因编辑婴儿事件？如何看待器官克隆？这些问题看似很大，却能够引发学生的思考，引起思想上的碰撞。所以教师可以根据当下一些生命科学热点问题，让学生积极思考，同时无形中也提高了学生的明辨思维。

（四）逆向性思维在生物学理论教学中的应用

逆向性思维指打破常规，从常规思维的反方向去思考问题的一种思维方法。如在新冠疫情严重的局面下，每位学生都深刻感受到病毒对生命健康和生产生活的影响，认为病毒一无是处。那么教师反问学生"病毒对人类有没有好处呢"？这对于学生而言就需要逆向思考"病毒到底对人类有没有危害呢"？当然，教师需要储备更多关于病毒的知识，就能够在恰当的时候告诉学生，一些病毒对于疫苗的研制有帮助或者人类呼吸产生的氧气很大一部分是在病毒（海洋中的噬菌体）的帮助下产生的。通过这种反问引起学生的逆向思维，然后学生在教师的指引下便可以获得更多知识。

5.求异性思维在生物学理论教学中的应用

求异性思维要求关注客观事物的不同性与特殊性，关注生物现象与本质、形式与内容的不一致性，以怀疑和批判的态度对待事物和现象的内涵。所以关于生物现象的一般规律和特殊性也是需要教师注意到的地方。

例如，DNA 是生物的主要遗传物质，少数情况下一些生物的遗传物质则是 RNA，如一些 RNA 病毒等；酶一般是蛋白质，此外 RNA 也有酶的性质；"一种转运 RNA 只运载一种氨基酸"是对的，但是反过来"一种氨基酸只对应一种转运 RNA"则是不成立的，因为一种氨基酸可以对应几种密码子，会对应几种转运 RNA。

二、创新思维在中学生物学实验教学中的应用

中学生物实验教学大多是验证性实验，如果直接按照教材上的设计采用科学探究的一般步骤，仍较难体现创新思维。因此，教师需要对实验进行创新性设计，融入不同的思维方式。

（一）综合性思维在生物学实验教学中的应用

在"观察种子的萌发过程"这一试验中，如果只简单比较两种不同种子的萌发过程，则是一个非常普通的验证过程。在设计中，教师可以根据种子萌发的外界条件和内在条件开展实验。在验证种子萌发的内在条件时，教师可以设计"去种皮、去胚根、去胚芽、去子叶"的处理组，根据结果得出"种子萌发

的重要内在条件是具备完整的胚，种皮对种子的萌发不起关键作用"，同时强调"胚是活的，一粒种子就是一个生命"的情感教育。可以看出，在该实验中"种子萌发需要外在条件和内在条件"体现了一种综合性思维，体现了生物与环境的一致性。

（二）联想性思维在生物学实验教学中的应用

例如，在进行"种子萌发的条件"这一课时，通过设置种子萌发的内部和外部条件，获得种子发芽的必需条件外，教师可以在此基础上设计一些问题，如北方种植棉花时需要浸种，原理是什么？在种植芫荽（香菜）时，需要将种子适当捣碎，为什么？为什么千年的莲子可以发芽？种子保存的条件是什么？这些具有关联性的问题，体现了联想性思维，但是仍要求教师具备丰富的生活经验和知识储备，否则较难达到目的。

（三）发散性思维在生物学实验教学中的应用

在讲授"细菌"这一课时，有教师让学生去思考，应该从哪些地方进行取样？学生则根据自己所在的环境，在学校操场、教室、洗手间取样；还有的小组则会比较洗手前后手指细菌的情况，比较口罩内外层细菌的情况，比较手机屏幕细菌的情况。从教师让学生取材这一点，可以看出这其中体现了一种发散性思维。需要注意的是即使发现洗手后仍然有细菌存在，也要强调洗手的重要性，并且进一步提出问题：为什么洗手后仍然存在细菌？生活中的细菌对人类的影响是什么？

（四）逆向性思维在生物学实验教学中的应用

在中学实验中，由于多种原因，学生往往会得到不同的结果，如对新鲜绿叶经研磨、过滤后，进行色素的提取，发现的色素提取液绿色很浅，是什么原因造成的？这个时候，学生就需要回头去梳理色素提取的步骤或者处理，如无水乙醇是否添加太多，是不是研磨不充分，是不是没有使用碳酸钙等。

在细胞的质壁分离实验中，学生对洋葱表皮细胞滴加 30% 蔗糖溶解，却观察不到质壁分离现象，是什么原因造成的？这个时候，学生需要回头去思考是否滴加蔗糖溶液重复次数不够，是否滴加蔗糖溶液后停留时间不够，洋葱表皮细胞是否已经死亡等。

再比如取相同体积的鸡血和猪血进行 DNA 的粗提，学生最后用相同体积的水进行 DNA 的溶解，然后进行琼脂糖凝胶电泳，却发现鸡血 DNA 没有出现条带，这时也需要区分存在的原因，鸡血 DNA 是量太多还是太少？

（五）求异性思维在生物学实验教学中的应用

在求异性思维应用于生物学实验教学时，当学生获得不同的实验结果，或者与正常结果相悖的结果，教师一定不要轻易否定学生的结果，也要让学生不要轻易否定自己的结果而是积极引导，让学生思考存在这种现象的原因，这样才能够真正理解实验中的科学原理。

如在细菌培养时，学生发现作为对照的空白培养皿长出了细菌，就要分析在接种过程中哪个环节出现了问题，今后应该更应注意哪些事项。再如，学生取相同体积的鸡血和猪血进行 DNA 的粗提，发现最后从两者中获得的 DNA 含量存在差异，那么其中的原因是什么？对于积极解释实验现象的差异性，实际上就是学生求异性思维的很好体现。

第三节 生物学教学中创新思维训练的案例

案例一：由一枚鸟卵引发的项目化学习
——"鸟的生殖和发育"创新思维片段教学案例

【案例背景】

东莞袁崇焕中学是一所建校 20 周年的镇街学校，学校重视生物教学，注重生物教学生活化，注重培养学生的学科核心素养。学生热爱生物，具有较好的小组合作探究能力。

"鸟的生殖和发育"是人教版生物学八年级下册第七单元第一章第四节的内容。本节内容主要包括鸟卵的结构和鸟的生殖发育过程两个部分，此片段教学主要教授鸟卵的结构与功能，内容相对容易理解。为了培养学生的核心素养，增强学生创新思维，提升学生的综合素质，这个片段教学以"一枚鸡卵"为切入点和贯穿课堂的主线，引导学生积极主动探究和发散思维，是一场内容充实而贴近生活的项目化学习。

【案例主题】

本次教学的主题是"鸟的生殖和发育"之鸟卵的结构。本片段教学以学生为学习主体，以生活化的活动作为载体，结合项目化学习和小组合作探究等方式，融合德育、智育和劳育，尽可能调动学生学习兴趣，锻炼学生的创新思维，培养学生的核心素养。

【案例描述】

（1）课前布置周末小组探究项目和开展"护蛋行动"

为了激发学生质疑问难的能力，提高学生学习的兴趣，课前一周，教师利用问卷星收集学生对于鸟卵的疑问，如学生可能提出为什么洗过蛋壳的鸟卵更容易坏？卵壳能否起保护作用？卵壳膜是否密不透风？鸟卵为什么一端钝，另一端尖？超市买到的鸟卵能孵化出小鸟吗？无壳的鸟卵能否继续发育成小鸟……

根据学生提出的问题，教师筛选便于开展合作学习的 6 个问题（如上文），布置周末作业，分发给 6 个小组，每个小组负责解决一个问题，并以分工合作的形式制作 PPT、画报等作为周末作业。此外，课前一天，教师带领学生开展"护蛋行动"，请同学们负责保护自己从家里带过来的鸟卵。

（2）项目化学习与小组合作探究相结合进行实验

课堂伊始，教师请同学们分享"护蛋行动"的做法和感悟。同学们想方设法"护蛋周全"，并进行分享，顺势抛出问题：鸟类是如何保护它们的鸟卵的呢？许多同学第一时间做出反应，脱口而出："筑巢！"

这时，教师再抛出一个问题：比起两栖动物的卵，鸟卵是否具有更好的保护功能的结构？教师引导同学们通过实验观察鸟卵的结构。

实验过程依旧采用项目化学习和小组合作探究相结合的方式开展。该实验材料就是学生从家里带回来的鸟卵，有鸡蛋、鸭蛋、鹌鹑蛋等常见鸟卵。多样化的实验材料有利于培养学生的归纳和概括的能力。课堂上学生根据老师提供看外形、握卵、泡水、敲击、认识内部结构等观察项目，观察鸟卵。

（3）联系生活，小组展示课前探究结果

通过小组合作进行项目化学习，学生对鸟卵的结构有了更深入的认识和了解。教师再展示出课前小组探究的问题，请小组派代表展示小组作业。

为什么洗过蛋壳的鸟卵更容易坏？同学们迅速将该问题和鸟卵泡入温水的实验相联系。另外该项目小组上台为大家展示实验，通过针筒向鸡卵注入空气，同学看到卵壳上沁出微小水珠，可得出卵壳上有许多气孔，便于与外界进行物质交换，清洗使细菌容易通过气孔进入内部，不利于鸟卵保存的结论。

又如学生通过用力紧握鸟卵，可以感受到卵壳的保护作用。此外，探究小组播放视频"一个鸡卵能承受 22 kg 的重量"，让同学们直观感受到了卵壳起到的显著的保护作用。探究小组通过解答"卵壳膜是否密不透风"的问题时，了解到卵壳膜是半透膜，所以联想起之前洋葱鳞片叶外表皮细胞质壁分离的实验，利用了卵壳膜自制教具，通过蔗糖溶液和水，展示了卵壳膜具有选择透过性。

　　课前同学们想了解的问题都在小组的展示中一一得到解答。但有一个小组，碰上的问题较难："鸟卵为什么一端钝，另一端尖？"学生反映找到的说法是"鸟卵滚落时，总是钝端接触地面，能将对鸟卵的伤害降至最低"。对此，其他同学表示有一定道理，但缺少有力支持。这是一个很好的探究实验，鼓励同学们在课后进行探究，下节课通过展示，尽可能给予大家更合理的解释。

　　在对鸟卵的结构和功能有了更深的了解后，大家思考"超市买到的鸟卵能孵化出小鸟吗"？小组向同学们展示了胚盘受精前后的区别，同时结合图片介绍了蛋鸡和肉鸡养殖基地、现代化孵化场等。这个小组还关注到社会热点问题"野生鸟类及鸟卵的买卖"，使大家认识到鸟卵是自然对人类的馈赠，但是只有通过人工饲养获得的鸟卵才被允许食用，同时呼吁无论是小鸟还是的鸟卵，都值得被珍惜，希望同学们从自身做起，善待大自然的生命。

　　对于问题"无壳的鸟卵能否继续发育成小鸟"，同学们纷纷发表自己的看法。课前负责此项目的探究小组向同学们介绍了一只特别的小鸡——小茶缸。它是我国首个无壳孵化小鸡。同学们通过视频清晰地看到一枚无壳鸡卵如何发育成鲜活可爱的小鸡，纷纷感慨生命的神奇。

　　（4）课外兴趣小组深入探究

　　针对课堂上较难解决的问题"鸟卵为什么一端钝，另一端尖"？大家选择了鸡卵与质量相同、直径相近的球作为研究对象，比较两者在不同角度和高度滚落的情况。学生发现，由于形状和重心的影响，鸡卵的滚动距离远短于同质量的球，还观察到在鸡卵滚动过程中，钝端接触面较多，因此推测，该接触面如果有小损伤，可能对鸡卵的发育损伤较小。

　　（5）课后美食小当家寻味鸡卵

　　通过学习鸡卵的结构与功能，学生了解了鸡卵的营养成分高，是物美价廉的天然"补品"。因此，教师布置课后家庭实践作业：以鸡蛋为主角，为家长烹制美食。从同学们提交的照片中，教师看到的不仅仅是一道道鸡蛋美食，更是学生通过学习生物学，积极行动，做生活有心人的一张张可爱的笑脸。

　　【结果与反思】

　　本片段教学以学生为学习主体，以生活化的活动作为载体，结合项目化学习和小组合作探究等方式，融合德育、智育和劳育，尽可能调动学生学习兴趣，锻炼学生的创新思维，培养学生的核心素养。

　　课前"护蛋行动"与课中"无壳孵化小鸡——小茶缸的生命历程"，让学生在体验"护蛋"的不容易后，再直击生命的诞生，给予学生心灵的震撼。

"兴趣是最好的老师。"比起传统的教学模式，本教学片段结合互联网技术，统计了学生关于一枚鸟卵感兴趣的问题，并加以挑选整合，反馈给学生探究小组进行探究。本课堂气氛活跃，学生的探究热情高涨，思维灵活。

课堂上的观察实验，教师先提炼出六点观察任务，学生清晰明确实验目的，留意实验细节，突破重难点。学生以小组合作探究形式开展实验，有利于小组发散思维，培养创新思维，同时取长补短，达到最好的学习效果。在学生观察的基础上，教师给予探究小组上台展示分享的机会，有效发挥平行教育。整个过程都在渗透着"结构与功能相适应"的生命观念，培养了学生的生物学学科素养。同时，学生把野生鸟类和鸟卵买卖事件加入作业，使其社会责任得到充分体现。

课后兴趣小组继续探究"鸡卵为什么一端钝，另一端尖"，将课堂延伸到课外，鼓励学生进行探究。同时解决这个问题还需要部分数学和物理的知识辅助。这也有助于树立学生学科融合意识，使学生成长为综合型人才。

最后的课后家庭实践作业同时将智育和劳育结合在一起，符合我校生物学生活化教学的宗旨："基于生活，通过生活，为了生活。"

培养学生的创新性思维，提高学生的生物学科学素养不是一蹴而就的，需要生物老师积极学习、思考和探索更有利于学生发展的课堂，并将其渗透在课堂内外。

案例来源：东莞袁崇焕中学 许怡敏 刘厚仰

案例一点评

创新要以问题为导向，学生提出问题比老师提出问题，更深刻体现学生的创新思维。本案例可以看作是"由一枚鸟卵引发的猜想"。课程设计者在上课之前，收集到学生关于鸟卵的多个问题，从中选择典型问题即本节课需要解决的问题作为探究的题目。作者没有按照一般的程序，在课堂上按部就班地解决这些问题，而是将主动权交给学生，让学生去探寻自己提出的这些问题的答案，这充分体现了教师在教学中的发散性思维。对于"无壳的鸟卵能否继续发育成小鸟"这一问题的设置体现了一种逆向思维；对于在课堂上较难解决的问题则采取了课堂和课外探究的方式，鼓励学生主动寻找问题的答案。

在这堂课上，教师扮演组织者的角色，项目化学习则体现了一般探究性过程。教师收放自如，最后归结到"结构与功能相适应"这一重要概念，同时，社会责任在这儿也得到了充分升华。

如果需要锦上添花的话，我建议课程设计者让学生去观察一枚煮熟的鸟卵，使学生更深入理解鸟卵结构与其功能相适应的特点。

案例二：讲述生命的故事——基于生物学核心素养的"根的结构"教学设计

【案例背景】

本教学案例来自 2019 年广东省乡村骨干教师高端研修培训项目专家培训内容，由肖望、涂红艳、张爱玲等设计。

【案例主题】

植株的生长之"根的结构"，属于七年级上册第三单元第二章"被子植物的一生"中的第二节"植株的生长"部分的内容。本内容的教学设计基于生物学核心素养的总目标，以讲述故事形式，不仅体现了生物教学的综合性和实践性，并在不同教学环节、不同程度体现不同维度，在实现三维目标过程中较好地体现了四个维度。

【案例描述】

（1）创设生命情境，引出科学问题，体现生命观念

首先，教师展示不同的生命现象，如小草、花等，并指出：这些都是一个个绿色的生命。那么，这些生命与植物的什么结构密切相关呢？俗语说：树有多高，根有多深。那么实际情况是否如此呢？根在植物生长过程中起什么作用？

其次，教师展示经典案例：一株生长良好的黑麦的根，根的数量约为1400万条，根总长度为 600 千米；南非一颗无花果树，根深达到 120 米。教师指出：一些植物的地下根系比地上部分更为庞大。那么植物的根系似乎可以无限扩张，是怎么做到的？

（2）尊重生命规律，分解重难点，培养科学思维

植物根系似乎无限扩张的基础与其结构密切相关：植物的根尖可以不断生长，那么根尖有什么奥秘呢？

教师首先指出：根的延伸本质上是根部细胞的变化，包括数目和体积的增加。哪些结构与细胞数目和体积变化有关呢？根据此思路，教师按照分生区、伸长区、根冠和成熟区的顺序进行讲解，强调"分生区细胞是根不断生长的基础，是树木不断增加的基础"，分生区的细胞是植物界的干细胞，具有无限生长的潜力，当分生区的细胞数目达到一定数目的时候，细胞体积增大和开始分化形成了伸长区，"伸长区短而粗，在坚实的土壤中，有利于根的向前推进"；根冠位于分生区的下方、根尖顶端，具有保护分生区的作用；当伸长区的细胞停

止生长后，即变化为成熟区，分化的细胞各自发挥不同的功能。

教师按照上述逻辑讲解根的结构，并对根的四个部位按照细胞形状、密度、寿命、功能进行小结，并进行相互比较。

（3）呼应导入情境，层层拓展，增强社会责任感

基于根的结构组成以及生产实践等，教师提出不同的问题。

例如，基于根的结构，教师提出如下问题：植物根系能够无限生长的结构基础是什么？有些植物枝条能够无限生长也能增粗，它的结构基础是什么？植物的叶、果实可以无限增大吗，为什么？如果观察植物染色体的变化，植物体哪个部位最容易观察？植物的什么部位生长最快？

例如，基于生产实践中植物的根的相关现象，教师提出如下问题：移植植物要注意哪些事项？为什么说"人挪活，树挪死"？南方地区台风来时，有些看起来高大强壮的植物会被连根拔起，原因是什么？可以采用什么样的措施来预防？南方地区台风来时，为什么榕树不易被刮倒？生产上，采用什么措施可以加强作物的根系生长？

例如，基于植物生长与环境的密切关系，教师提出如下问题：植物的地上部分和地下部分，哪一部分分布面积更大？根深就一定会叶茂吗？

（4）布置探究活动，有效补充教学，提升科学探究能力

教师布置课外科学探究性作业，如"水分对植物根生长的影响"，让学生学会进行实验设计、数据统计与分析，并得出科学的结论，并以科学小报告等形式展示探究结果。

【结果与反思】

本节课体现了"生命观念"。对于七年级的学生而言，教师应当首先使他们明白不仅仅是人类、动物才是具体的生命，"一草一木"也是生命的具体体现形式。因此，在本节课的导入部分，教师以一句俗语"树有多高，根有多深"带领学生进入教学内容，提出科学问题，展示相关的案例，并进一步提出"植物的根系似乎可以无限扩张，它是怎么做到的"？

教师接下来指出"植物的根尖与植物的根系密切相关"，并按照分生区、伸长区、根冠、成熟区的顺序讲解，很好地遵循了生命的发展规律，体现了理性的科学思维，也很好地突破了本节课的重点内容"根尖的发展变化规律"，突出"根的变化基于根的'分生区'"，很好地体现了结构与功能相适应的统一。

教师从三个方面提出不同的问题，让学生运用所学知识去解释生活中的一些现象，分析其中蕴含的科学原理，明确生物课堂教学更应该注重理论联系实际以及应用，使学生深刻体会生命的观念，提高学生的科学思维，增强社会责任感。

最后，布置的探究性作业中，教师以"水"这一重要的环境因素作为变量，验证"环境对根的生长的影响"。在该设计中，教师在目标设置、实施方法、结果统计与展示等环节中均体现了科学性探究的过程，并提高了学生的科学探究能力。

案例原作者信息：广东第二师范学院生物与食品工程学院 肖望 涂红艳 张爱玲

案例二点评

在本案例中，作者首先创设情境，并在此基础上提出一些问题：植物的生长离不开根，关于根，大家可以联想到哪些现象或俗语等。学生通过已有的认知，联想到关于根的一些现象、问题、俗语等，引起自身的积极思考。教师遵循生命发展规律讲解根的结构。后面提出的问题中，一些问题与已有知识具有相关性，如"植物的干细胞还存在于哪些部位"？这么多问题基于"根的结构特点""植物的根与生产实践""环境对根的影响"，体现出了较多的综合性思维、联想性思维、发散性思维等。

第十二章　历史教学中的创新思维训练

【引言】

历史学科是在马克思主义唯物史观的指导下，运用历史唯物主义观点，以社会形态从低级到高级发展为主线，展现历史演进的基本过程以及人类在历史上创造的文明成果，揭示人类历史发展的基本规律和大趋势，促进学生全面发展的一门基础课程。历史学习需要特殊的理解和思考方法、智力习惯和认知过程，这种理解和思考方法被统称为历史思维。历史思维让学生把握过去与现在的特殊性，也有助于学生识别过去、现在和未来之间的依存关系。以批判性思维能力培养为核心的历史思维能力培养是历史教学的根本要求。

【本章要点】

● 历史教学中创新思维训练的现状
● 历史教学中创新思维训练的基础理论
● 历史教学中创新思维训练的案例
● 历史教学中创新思维训练路径分析

第一节　历史教学中创新思维训练的现状

　　"鼓励创新是新课程教学改革的核心。"创新是进行教学改革，转变教学方式，引导学生深度学习的必然选择。历史学科在培养学生公民意识、独立人格、创新思维等方面具有独特优势。《普通高中历史课程标准（2017年版2020年修订）》明确指出"对课程内容整合，引导学生深度学习，促进学生带着问题意识和证据意识在新情境下对历史进行探索，拓展其历史认识的广度和深度"。探索实践旨在培养学生的创新思维能力，开展具有创新性的教学，拓展历史认识的广度和深度，引导学生进行深度学习。"在课程实施上，进一步改进教学方式、学习方式和评价机制，将教、学、评有机结合，促进学生的自主学习、合作学习和探究学习，提高实践能力和创新精神"，在历史教学中进行教学创新，开展有创意的教学，培养学生创新思维能力，提高学生创新思维能力，是落实核心素养课程改革目标、培养学生创新精神、培养创新性人才的必然要求，也是实现历史学科育人价值的必然选择。

　　"创新"作为学术概念，起源于熊彼特1912年出版的《经济发展理论》，从动态视角对"创新"进行阐释，认为创新是生产函数的变动，是对现有资源的重新组合。这一概念现已从经济学领域扩展到各行各业，在教育领域也受到广泛的关注。国内外学者对创新和创新思维的内涵进行了深入的探讨，历史学科教学领域对创新思维能力的研究也取得了较大的进展，譬如对历史学科特性与创新思维能力发展的培养，历史学科学生创新能力的培养，历史教师的创新素质与学生创新能力的培养，历史教学中学生的创新精神、创新意识和创新思维习惯，高中历史教学创新思维的培养，史料教学与学生创新思维能力的培养的研究，基本涉及了为什么要培养学生创新思维能力以及创新思维能力培养策略等多个方面，对历史学科教学中创新思维训练进行了有意义的探索，为进一步研究学生创新思维能力培养打下了坚实的基础。

第二节　历史教学中创新思维训练的理论基础

本案例从建构主义心理学视角出发，以建构主义认知灵活性理论为基础，探讨创新思维训练的理论基础。建构主义认为学习是意义建构的过程，强调学习者在学习过程中的主动性，突出意义建构和社会文化互动在学习中的作用。斯皮罗（R.J.Spiro）于 1995 年提出了认知灵活性理论，认为学习是不断深化的认知过程，需要对知识进行深层的理解，重点解释了如何通过理解的深化促进知识的灵活迁移引用。

一、结构良好领域知识与结构不良好领域知识

认知灵活性理论主张一方面要提供建构理解所需的基础，同时要留给学生广阔的建构空间，让学生针对具体情境采用适当的策略。对于比较有规律性和确定的知识，解决这样的问题有明确的规则，基本可以运用相应的法则或公式，这样的知识叫做结构良好领域的知识，而对于包含着许多应用广泛的概念，所涉及的概念及其相互作用的模式有很大差异的知识，这种知识叫做结构不良领域的知识。人们需要根据具体情境，以原有的知识为基础，建构用于指导问题解决的图式，通过多个概念原理以及大量的经验背景的共同作用进行解决。

二、初级学习和高级学习

初级知识获得是学习中的低级阶段，只要求学生知道一些重要的概念和事实，所涉及的内容主要是结构良好的领域。高级学习要求学生把握概念的复杂性，并广泛而灵活地运用到具体情境中，涉及大量结构不良领域的问题。乔纳生（D.H.Jonassen）在此基础上提出了知识获得的三阶段（如图 12-1 所示）。在初级阶段，学生往往缺少知识直接迁移的基础，理解多靠简单的字面知识的编码。在高级知识获得阶段，开始涉及大量结构不良领域的问题，这时教学主要是以对知识的理解为基础，通过学徒式的引导而进行，学习者要解决具体领域的情境性问题就必须要掌握高级知识。在专门知识学习阶段，所涉及的问题则更加复杂和丰富，学习者已有大量的图式化的模式，知识间已建立了丰富的联系，因而可以灵活地对问题进行表征。这时教学主要以对知识的深层理解为基础，着眼于知识的综合联系和灵活运用，面对复杂多变的任务情境，灵活地理解和解决问题。

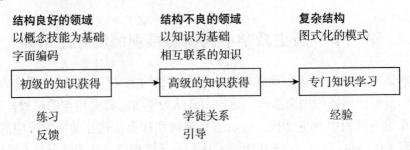

图 12-1　知识获得三阶段

三、随机通达教学

认知灵活性理论认为建构一方面是对新信息的意义的建构，同时又包含对原有经验的改造和重组。斯皮罗等人根据对知识建构过程以及高级学习的基本认识提出了随机通达教学，认为对同一内容的学习要在不同时间多次进行，每次的情境都是经过改组的，而且目的不同，分别着眼于问题的不同侧面。这种教学把概念具体到一定的实例中，并与具体情境联系起来。在这种学习中，学习者可以形成对概念的多角度理解，并与具体情境联系起来，形成背景性经验，针对具体情境建构用于指引问题解决的图式。

第三节　历史教学中创新思维训练的案例

案例：岳麓版高中历史必修一第四课——"专制集权的不断加强"

【案例背景】

本节分析的课例是岳麓版高中历史必修一第四课"专制集权的不断加强"中的第三部分——"宋初中央集权的强化"。在教学实践过程中，教师根据教学目标、教学内容、学生特点等对教学设计不断进行修改，运用认知灵活性理论，探讨学生创新思维能力培养的原则、策略和方法。

【案例主题】

本课——专制集权的不断加强——讲述汉至明清专制集权的加强，时间跨度极大。教师根据专制集权发展中的两对矛盾（中央与地方、君权与相权）将第四课分为两个课时。本课作为第一课时，讲述了中央集权在汉、唐、宋三个时期与地方分权势力的斗争中不断得到加强。上承秦朝中央集权制度的确立，下启明清专制皇权的加强，是中国古代政治文明演进的重要内容。本课共分为三个部分：西汉前期的集权分权、唐末五代的分裂割据、宋初中央集权的强化。

【案例描述】

课程标准要求列举从汉到元政治制度演变的史实，说明中国古代政治制度的特点，因此教师将本课的教学目标确定为：①结合地图史料，学会从时空角度解释汉唐地方分裂割据的原因，理解中央集权与地方分权的矛盾。②通过探讨西汉和宋初强化中央集权的措施，归纳中央集权加强的趋势。③运用史料深入分析宋初强化中央集权的影响，辩证评价加强集权之利弊，提高分析史料和解释历史问题能力。本课的核心目标被确定为通过史料分析，让学生了解从汉到宋这一阶段中央与地方的博弈，理解中央集权的强化，辩证评价加强中央集权之利弊。

学生对中国古代中央集权的建立和发展有所了解，历史逻辑思维和分析能力较初中明显增强，但大部分学生对中央与地方关系的认识较浅，对中央集权发展的认识缺乏理性，史料分析能力需进一步提升，需要通过探究中央集权与地方分权的博弈，更理性辩证地理解中央集权的发展。结合教学目标和学生的实际情况，教师将本课的教学重点确定为宋初强化中央集权的措施，教学难点确定为从宋初强化中央集权的影响辩证看待集权之利弊。

为了更好地实现本课的教学目标，突破教学重点和教学难点，本课教学方法主要采用讲授法、故事教学法和引导探究法，学生学习方法主要采用问题探究法和史料分析法等。

【案例分析】

在"宋初中央集权的强化"教学实践过程中，根据认知灵活性理论知识获得的三阶段和随机通达教学相关理论，运用创新思维训练的策略和方法，创新教学方式方法，进行自主、探究和不断创新的深度学习。

一、初级的知识获得

史料实证是学生发展核心素养培养的必要途径，需要重视史料的搜集、整理和辨析，也需要创新史料的使用方法。史料一般属于结构不良好领域知识，需要以原有的知识为基础，设计历史教学情境，建构学生问题解决的图式。

教学案例第一部分：

教师：唐末五代的时候这些手握兵力财力的地方节度使势力超过了中央，内轻外重致使藩镇割据，国家统治岌岌可危。如何才能不让宋朝重复五代短命王朝的命运呢？这就是宋太祖的烦恼所在。假如你是宋太祖，面对武将专权、地方独揽兵权和财赋等问题，你要怎么解决？

教师：我们现场黄袍加身来拥立一位宋太祖！（推举学生 1 为"宋太祖"）

教师：启奏皇上！武将的权力太大了，请问您要削弱他们的权力还是放任不管呢？

学生 1：朕决定削弱他的权力！

教师：再启奏皇上！地方长官有太多兵和钱，请问皇上又该当如何处置啊？

学生 1：朕欲将其收回朕的手里！

教师：也就是收归到中央！皇上相当英明！正如皇上所说，防止内轻外重和武将专权，最重要的就是把权力都收回中央。加强中央集权的根本目的是维护统一，防止分裂割据。我们可以将宋初强化中央集权的原因记为"三防"。那么历史上的宋太祖是否真如我们现场的"宋太祖"这样收权于中央呢？

点评：

对于结构不良领域的知识，我们需要建构以原有知识为基础的相互联系的知识，需要通过学徒式的引导，以对知识的理解为基础形成高级的知识获得。"宋初中央集权的加强"极具故事性，教师运用故事教学法建构具体的学习情境，符合高中生理性思维能力的特点，通过对情境的改组，建构用于指导活动的图式。在故事讲述的同时，教师可以适当地创设历史情境，加入角色扮演的环节，让学生不知不觉地融入历史故事情境之中，能站在宋太祖的角度，设身处地地思考历史问题，达到情境教学的效果和目的。

教学案例第二部分：

教师：但这只是解决了中央禁军的问题，地方还有藩镇啊，于是宋太祖用了同样的套路解除了地方节度使的兵权。

初，太祖拣军中强勇者号兵样，分送诸道，令如样招募。后更为木梃，差以尺寸高下，谓之等长杖，委长吏、都监度人材取之。

——《宋史》

教师：太祖把地方最精锐的部队编入禁军，在军中挑选一些最精干的士兵，要高大勇猛的，然后让各地按着这些兵的样子征兵。后来活的兵样子不够了，就照着做了一批刻着尺寸的木杖送到地方，符合这种标准的，就送到中央当禁军。这样一来中央和地方军队实力出现什么对比？

学生：中央军队远远强于地方军。

教师：如此一来，地方自然不敢和中央对抗。所以收精兵有利于消除禁军和地方兵变的隐患。

点评：

宋太祖命人制"木梃"做征禁军的标准的史料，能直接反映史实，又较新奇有趣。学生通过史料能够想象出宋太祖征禁军的要求和场景，具有画面感，更便于理解"收精兵"之"精"体现于何处。无论是较为熟悉的黄袍加身、杯酒释兵权，还是较为陌生的"木梃"征禁军的故事，都以富有感染力的语言，生动形象的神态动作，很好地刺激了学生的兴奋点，激发了学生的学习兴趣，让课堂"活"了起来。

二、高级的知识获得

高级的知识获得需要学习者建构用于指引问题解决的图式，解决具体领域的情境性问题。高中课堂往往注重学生抽象思维能力的发展，需要把课堂设计得非常具有思考性，将学生由初级学习向高级学习进行引导。史料实证是学生发展核心素养培养的必要途径，不仅需要重视史料的搜集、整理和辨析，也需要创新史料的使用方法。

教学案例第三部分：

在原来的教学设计中，教师采用的是张传玺的观点进行课堂导入，引起学生对材料中新观点的注意以及对陌生问题的思考。

人们常常说中国是世界上的四大文明古国之一，值得津津乐道的事例极多，但有一项更伟大的成就，已创造出、并沿用了两千余年，却为人们所忽视，这就是在中国所实行的中央集权制度。此制度的创行和存在、发展、完善，是中国古代政治文明的标志。

后来，教师觉得这样的材料只是专家的观点，是一家之言，很难培养学生对历史史实进行理性分析和客观评判的态度、能力和方法，就改用司马光《涑水记闻》的历史材料进行授课导入。

上因晚朝，与故人石守信、王审琦等饮酒，酒酣，上屏左右谓曰："我非尔曹之力不得至此，念尔之德无有穷已。然为天子亦大艰难，殊不若为节度使之乐，吾今终夕未尝敢安枕而卧也。"

——司马光《涑水记闻》

点评：

"史料实证是学习历史和认识历史所特有的思维品质，是理解和解释历史的关键能力与方法。"本课采用司马光《涑水记闻》的史料作为课堂导入，容易激发学生的学习兴趣。学生多角度、多层次地分析史料，进行客观判断，揭示历史真相，易于形成字面编码，形成情境性的知识理解。案例与教学目标、教学重难点联系非常紧密，直奔主题，是一个非常好的切入点。

教学案例第四部分：

教师：同学们，宋太祖建立宋朝后又平定了李筠和李重进的叛乱，算是坐稳了皇位。可是当太祖和几位大将在喝酒时，却说出了这样的话："当天子还不如当节度使快乐，我做了皇上还是每天都睡不安稳！"这是为什么？

学生：因为宋太祖的皇位是通过黄袍加身得来的，不够名正言顺。

教师：没错，赵匡胤原本是后周的禁军将领，在出兵打仗的时候假装醉酒了，一觉醒来被将士们"黄袍加身"，半推半就当上了皇帝。但这并不是他的首创。他的老主子后周太祖郭威，也是黄袍加身推翻了后汉的政权。这说明在五代十国后期，"帅强则叛上"，武将专权，使得统治者频繁更替（如图12-2所示）。

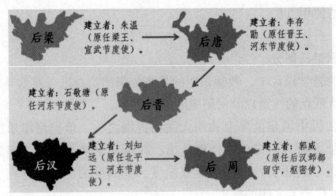

图12-2　五代十国后期统治者更替图

教师：五代的建立者有什么共同特点？

学生：要么当过节度使，要么是留守将军，都手握兵权。

点评：

宋初强化集权之"因"的部分，主要强调唐末五代藩镇割据和武将专权。为了呈现五代建立者在篡位之前，都是靠"割据一方"的势力与中央对抗，在查阅五代史料的基础上，教师制作了一幅五代更替的时空地图，并标出五代建立者建立新政权之前的身份，很清晰地呈现出了五代建立者的共同特点，让学生直观地感受到五代的更替，建构用于指导问题解决的图式，将比较复杂的史料，转化成结构良好领域知识，使学生进行字面编码，为高级的知识获得奠定基础。

（三）专门知识学习

在专门知识学习阶段，学习者已有大量的图式化的模式，建立起了丰富的联系，可以灵活地对问题进行表征。这时的学生需要以对知识的深层理解为基础，着眼于知识的综合联系和灵活变通，面对复杂多变的任务情境，灵活地理解问题，灵活地解决问题。宋初中央集权的强化虽然带来了一系列弊端，但传统"宋朝积贫积弱"的观点并不准确，那么强化集权给宋朝带去了怎样的影响？在讲述宋初中央集权强化之"果"的部分，教学主要围绕这一争议来展开，通过图式化的模式，灵活地对这一问题进行探讨。

教学案例第五部分：

教师：然而有关宋初集权的影响，学术界出现了不同的声音。像钱穆这样的史学大家认为，过度的集权导致北宋积贫积弱；以李裕民为代表的宋史专家则认为，宋朝不仅不弱，还是相当强的。在传统观念中，我们一直都觉得宋朝是一个"挨打"的角色，但事实上宋朝真的羸弱不堪吗？

史料一：

天下有定官而无定员，一冗也，厢军不任征战而耗衣食，二冗也……

——宋祁《三冗三费疏》

史料二：

今之所谓官，古之爵也，所谓差遣者，古之官也。官所以任能，爵所以酬功。今官爵浑殽，品秩紊乱，名实不副，员数滥溢，是以官吏愈多，而万事益废。

——司马光《乞分十二等以进退群臣札子》

教师：什么是"天下有定官而无定员"？

学生：宋朝将官职分为虚衔和实际职务，一分为三，使得官员人数大大增加，行政机构庞杂，效率低下。

史料三（见表12-1所列）：

表12-1　宋朝各年间军队人数的变化

在位皇帝（年号）	太祖（开宝年间）	太宗（至道年间）	……	真宗（天禧年间）	仁宗（庆历年间）
军队人教	约37.8万	约66.6万	……	约91.2万	约125.9万

史料四：

一岁所用，养兵之费常居六七，国用无几矣。

——蔡襄《论兵事十事疏》

教师：表格和材料反映了什么问题？

学生：表格反映军队人数不断增加；材料反映由于军队人数增加，导致养兵费用剧增，占用了国库太多财政开支。

教师：宋初实行募兵、养兵的制度，出现了兵员过多、军费支出过大的"冗兵""冗费"现象。宋初中央集权的强化，出现的第一个弊端——"冗官、冗兵、冗费"。

史料四：

今委任将帅，而每事欲从中降诏，授以方略，或赐与阵图……

——《咸平集》

教师：材料反映了什么现象？

学生：反映了将领带兵打仗都要以皇帝的阵图为准，不能灵活作战。

教师：这种现象叫"将从中御"，体现了皇权的加强，使得军队指挥不灵。地方军素质低、收精兵入禁军、军队指挥不灵，这就是宋初强化中央集权的第二个弊端——军队战斗力低。但是我们能因为这些弊端就说强化集权导致生产积贫积弱么？（出示《清明上河图》局部）

史料五（如图12-3所示）：

图12-3　《清明上河图》局部图

教师：图中方框内的人在干什么？

学生：很多人在做买卖。

教师：清明上河图是北宋城市经济的生动写照，由此可见北宋商业贸易发展得风生水起，反映了宋代经济的繁荣。（出示《念奴娇·赤壁怀古》图片、北宋水浮法指南针图、活字印刷反文字模图）

教师：在文化科技上，宋朝更是一个黄金时期。以宋词为代表的宋朝文学的昌盛，四大发明中的指南针和活字印刷术的发明，都说明科技突飞猛进。经济和文化要发展，首先要有一个什么样的环境？

学生：稳定的社会环境。

教师：宋初强化中央集权，使得北宋"百年无内乱"，形成一个相对稳定的内部环境。虽然由于过度集权造成了"三冗"和军队战斗力弱，但从集权的目的来说，中央集权的强化确实使得北宋的统治得以巩固，并且为社会经济和文化的繁荣提供了稳定的内部环境，才有了造极华夏民族文化的赵宋之世。

点评：

这是一个比较"新"的角度，不似以往一味强调加强中央集权的弊端。为了使学生能够更好地理解这一观点，教师先从传统观点集权之"弊"入手，引导学生分析有关北宋军队人数众多、官员冗杂、机构臃肿的文字史料和数据，得出强化集权带来的"冗官、冗兵、冗费"弊端。接着，教师转而引出强化中央集权之"利"。学生通过清明上河图，感受繁华的都市文化生活，再从宋词、指南针、活字印刷术等图片，进一步探讨经济繁荣文化昌盛的原因，即集权客观上提供了稳定的社会内部环境。这一部分的设计，能够使学生客观辩证地评价历史问题，对史事进行理性分析和客观评判。

【课堂教学反思】

本课是岳麓版高中历史必修一第四课"专制集权的不断加强"，展示的是宋初中央集权强化部分。教师在选取"新"角度、使用"新"史料，运用"新"方法三个方面有了一定的突破。

一、选取"新"角度

宋初中央集权的强化虽然带来了一系列弊端，但传统"宋朝积贫积弱"的观点并不准确。正如李裕民先生所言，"从综合国力角度，宋王朝不仅不能说弱，还应说是相当强的"，而这实则离不开宋初中央集权的强化。这是一个比较"新"的角度，不是一味强调加强中央集权的弊端。为了使学生能够更好地理解这一观点，教师先从传统观点集权之"弊"入手，引导学生分析有关北宋军队人数众多、官员冗杂、机构臃肿的史料，得出强化集权带来的弊端。接着，教师引出强化中央集权之"利"，让学生通过《清明上河图》，感受繁华的都市文化生活，再用宋词、指南针、活字印刷术等图片，进一步探讨经济繁荣、文化昌盛的原因，让学生学会客观辩证地评价历史问题，能对史事进行理性分析和客观评判。

二、选用"新"史料

在课堂导入部分，教师使用了司马光《涑水记闻》中杯酒释兵权的史料作为课堂导入，故事性强，容易激发学生的学习兴趣；用史料讲述，体现历史探究的史料价值，培养学生史料实证的能力。课堂在史料呈现方式上也稍有改变。宋初强化集权之"因"的部分，主要强调唐末五代藩镇割据和武将专权。教师为了呈现五代建立者在篡位之前，都是靠"割据一方"的势力与中央对抗，在查阅五代史料的基础上，制作了一幅五代更替的时空地图，并标出五代建立者建立新政权之前的身份。这样的设计清晰地呈现出了五代建立者的共同特点，让学生直观地感受五代的更替，培养学生的时空观念。

三、运用"新"方法

在教学方法上，教师采用一般高中课堂较少使用的故事教学法。高中课堂往往注重学生抽象思维能力的发展，更倾向于把课堂设计得非常具有思考性。这样做有利于学生抽象思维能力的培养，但可能会让学生觉得枯燥乏味，造成注意力不集中等现象。教师在教学中加入绘声绘色的历史故事，让课堂更加生动有趣，更富有表现力和感染力。本课采用故事教学法，无论是较为熟悉的黄袍加身、杯酒释兵权，还是较为陌生的"木梃"征禁军的故事，都以富有感染力的语言，生动形象的神态动作，很好地刺激了学生的兴奋点，让学生不知不觉地融入历史故事情境之中，在一定程度上达到了情境教学的效果和目的。

案例原作者：佛山市南海区旗峰中学 郑婵淇

案例点评

创新是历史学科课程改革的基本要求，创新思维训练是历史教学的根本之所在。在本课教学中，教师运用唯物史观的方法重新审视历史事实，选取新的视角，辩证分析宋代强化中央集权的利弊；创新运用历史史料，让学生直观地感受五代十国的更替；运用故事教学法，采用简练的故事讲述，让课堂"活"了起来，让学生不知不觉地融入到故事情境之中。教师通过选取新的视角，运用新的史料，采用新的教学方法，培养学生创新思维能力，落实历史学科核心素养，实现学习中心课堂建构。这种创新思维训练策略具有一定的借鉴和参考意义。

第四节 历史教学中创新思维训练路径分析

认知灵活性理论要求改变教育观念，转变教学方式，进行有创造性的教学，构建情境性的教学活动，建立学习中心课堂，培养学生发展核心素养，培养学生的创新精神和创新思维能力。

首先，结构不良领域的知识需要根据具体的情境，以原有知识为基础，建构用于指导问题解决的图式。本节课主要聚焦于中央集权和地方分权之间的矛盾。对中央集权的利弊得失很难用一句话概括，这就需要采取唯物史观的立场，对史实进行客观、全面的分析，这是教学创新的基础。

其次，知识学习需要从初级知识的获得向专门知识学习发展。教师对史料进行结构化分析，形成大量的图式化的模式，解决复杂和丰富的问题，使学生对知识形成深层理解，灵活地理解和解决问题。教师对史料的运用也要符合学生的认知特点，特别是需要调动学生的积极性，对史料进行深度分析，从不同角度、不同视角，对史料进行分析和解读，提高史料分析的效果。

再次，课堂依据随机通达教学方法，使学习者建构起对概念的多角度理解，并与具体情境联系起来，形成背景性经验。宋初中央集权的加强极具故事性，如何利用好"黄袍加身""杯酒释兵权""木铤征禁兵"等耳熟能详的故事，又能使其符合高中生理性思维能力的特点呢？本课采用了故事教学的方法，在教学方法上是一个比较成功的尝试。

最后，教师运用认知灵活性理论进行创新思维教学设计，其核心任务是深化学生对知识的理解，利用多元活泼的教学方式和多样丰富的教学内容，达到"为理解而教"的目的，同时培养学生创新能力。当然，运用认知灵活性理论，只是从建构主义理论视角，对历史教学创新思维能力的训练和培养路径进行分析和探讨，而历史学科教学中的创新思维能力培养还需要更深入的探讨。

【参考文献】

[1] 詹泽慧，梅虎，麦子号，等.创造性思维与创新思维：内涵辨析、联动与展望 [J]. 现代远程教育研究，2019（2）：40–49+66.

[2] 张天宝.鼓励创新：新课程课堂教学改革的核心 [J]. 课程·教材·教法，2004（2）：24–30.

[3] 中华人民共和国教育部.普通高中历史课程标准（2017年版2020年修订）[M].北京：人民教育出版社，2020.

[4] SCHUMPETER J A. The Theory of Economic Development[M]. New York: Routledge，2017.

[5] 陈琦，刘儒德.当代教育心理学 [M].北京：北京师范大学出版社，2007.

[6] 徐蓝，朱汉国.普通高中历史课程标准（2017年版）解读 [M].北京：高等教育出版社，2017.

第十三章　体育教学中的创新思维训练

【引言】

体育学科是研究各种体育现象（包括体育教育、社会体育、竞技运动等在内的一切体育活动过程），揭示各种体育现象的过程、本质与规律，认识和发挥人体运动能力，以提高人类健康水平、促进人的全面发展为目的的一门学科。其特点是基础性、实践性、健身性、综合性等。

体育教学作为学校体育的重要组成部分，在体育教学过程中对学生的锻炼兴趣的培养、智力的开发、心态的调整以及学生创新思维的培养具有其他学科无法替代的作用。首先，由于学科本身具有实践性特点，学生在体育锻炼中能够获得良好的身心感受，有助于培养学生的锻炼兴趣，为学生的认知和技能学习过程搭建起很好的桥梁。其次，依据体育健身与健心之间的关系、体育运动对品德的培养作用，体育教学对学生的非智力因素如情绪、意志等的影响，较之于其他学科有其独特的效果。最后，由于体育教学活动往往需要将学生置于与他人、与物理环境的交互中进行，学生需要应对错综复杂的情境，在不断参与过程中，学会发现问题、分析问题和解决问题，使创新思维得到充分激发和培养。尽管体育教学和学生创新性思维培养有着紧密关联，然而现有体育教学创新思维培养的实际效果与所预期之间尚且存在差距。现阶段，要充分实现在体育教学中培养学生的创造力和创新思维，仍需要积极营造有利于学生创新思维训练的环境、培养学生良好的创新思维品质和构建学生科学的创新思维方式，并将其贯穿于体育教学理念建立、教学内容选择、教学方法和教学手段优化及教学评价多元化等各个环节。

【本章要点】

● 体育教学中创新思维训练的现状
● 体育教学中创新思维训练的方法和策略
● 体育教学中创新思维训练的案例

第一节　体育教学中创新思维训练的现状

在体育教学中，创新人才的培养首先是质疑精神和批判性思维能力的培养。体育教学中的创新思维训练需要从体育教育人才培养的顶层设计入手，通过整合课程体系与课程教学内容、以核心理论与研究进展为主要构架；从课程教学设计、教学方法与手段、学习活动、学习评价等方面进行转变，将实现创新思维训练贯穿于课程教学的整个过程。在当前的中学体育教学中，在创新思维训练方面，体育科学研究更多地集中在体育课程教学过程中的一个或多个环节，尚且不能较好地迎合新时代对体育学科发展的要求。中学体育教学中的创新思维训练应根据中学生身心发展特点，从顶层设计入手，整体上把握，将其作为一项系统工程来进行构建与实践。

一、中学体育教学思想方面的研究现状

体育教学思想的创新发展对于带动体育教学发展，促使体育教学向着科学化、先进化的发展，培养学生创新思维能力养成都具有重要的现实意义。在之前的一些中学体育教学中，由于受传统教学观念的影响，加之中高考的升学目标推进，许多教师、学生甚至家长只重视学生文化课成绩的提升，往往会忽视体育教学对于学生全面发展以及身心健康的重要性。于是，学生逐渐变得不重视体育活动，失去参与体育锻炼的积极性，也难以认识到体育锻炼对成人成才的重要作用。为了更好地将先进的体育教学思想引入体育教学，杨明等人的研究发现，孔子全面发展的教育思想、终身学习的教育理念、学以致用的教学效能、因材施教的教育方式、愉快教育等观点与现代体育教学理念是共通的，将其融入现代体育教学理念中，能促进现代体育教学改革与创新的顺利进行，有助于学生全面发展。

二、中学体育教学内容方面的研究现状

教学内容是体育教学增强体质、传承体育文化的重要载体。当前中学体育教学内容存在两个不容忽视的问题：一个是体育教学内容竞技化严重，另一个是体育教学内容的地方性特色严重萎缩。地方性特色的体育教学内容萎缩，不但使得体育教学内容刻板单一，而且把许多优秀的传统体育文化搁置、遗忘。正是这两个问题使得体育教学内容在编制和实施上出现了"怪相"。

三、中学体育教学模式与手段方面的研究现状

传统的体育教学模式和教学手段单一乏味，课堂测评不能反映学生的真实状况。传统的体育教学注重以教师为课堂的主体，学生只能被动地接受来自教师的教学内容，往往会导致体育课堂的沉闷乏味，让学生对体育课堂提不起兴趣。此外，教师与学生对体育课堂的重视不够。为了改变这一现状，方燕等人在初中体育课堂中，创新探索"七巧板"式的体育教学模式，以提高初中体育课堂的有效性。结果显示，该体育教学模式的实施对于激发学生学习兴趣、提高学生运动水平等有着不错的作用。颜士祥研究合作教学模式的开展对中学体育教学的影响。结果显示，合作教学主要以团队合作模式展开，通过小组活动加强学生的团队合作，有利于中学生合作意识的培养与身体素质的提高。

四、中学体育教学方法方面的研究现状

关于中学体育教学方法的选择与运用，大多数学者从理论和实际需要的层面对教学方法进行了论述。在教学方法的选择上，大多数学者认为体育教学方法要结合教学理论、教学原则、传统与现代的融合以及场地器材等方面的知识进行选择，但最终离不开教学目的对教学方法的指导，同时还要把学生的积极性、创造性与教学方法相结合。通过结合上述理论，张来成研究发现，采用体育游戏法教学能提高中学生学习的积极性、主动性，促进各项技术的学习，同时又可加强同学之间团结、相互合作能力的培养。李进注重以新课程标准为教学目标，在教学中以学生的全面发展为出发点，实现学生终身体育的目的，通过激发学生的体育学习兴趣、创建个性化的教学模式、发掘学生学习潜能，给学生展示的平台，注重学生成功的体验，对新课改下中学体育教学方法进行了创新研究，为中学体育方法进一步发展提供了基础。

五、中学体育教学评价方面的研究现状

现行的体育教学评价主要关注学生在知识、技能和身体素质等认知方面的发展，忽视学生在情感、意志、个性、人格等非认知方面的发展，注重体育教学的结果，忽视体育教学的过程，对学生的发展性目标，如终身体育的能力、学习的能力、合作与沟通的能力、批判与创新能力以及个人与社会责任等方面缺少必要的评价。现阶段体育教学评价方法单一，体育教学评价偏向于采用量化评价和总结性评价的方法。

第二节　体育教学中创新思维训练的方法和策略

体育教学中教师应引导学生锻炼其自身的思维能力，使其由封闭走向开放，由单一走向多维，由线性走向立体，由守旧走向创新，学会用科学的思维规律、方式和方法去探索问题、分析问题和解决问题。在教学中，教师应该充分考虑中学体育学科的特点和中学学生的身心发展特点，充分发挥自身的主导作用，力求在学生原有思维水平的基础上，不断提出思维训练的新内容、新方法、新方向，促使学生思维不断发展。并在此基础上，培养学生良好的思维品质，构建学生科学的思维方式。

一、在体育教学中营造有利于创新思维训练的环境

（一）体育教学理念的转变

教学理念是体现在教学过程中用以指导教师教学行为的思想观念，是教师对教学的本质和规律深刻理解基础上的高度概括。不同的教师由于不同的教学理念而出现不同的教学行为选择。传统型教师在教学中重知识、轻能力，重理论、轻实践，重共性、轻个性，重继承、轻创造，导致学生思想僵化、创造精神萎缩。

现代教育理念更加注重在教学活动中体现出"教"与"学"的双边互动。现代教育理念注重以学生发展为中心，需要教师在体育教学过程中的指导作用，但教师不要过分强调自己的作用，不要过多地花时间进行示范和讲解，应该给学生留有尽可能多的自主学习、探究学习和合作学习的时间和空间，让学生在体育活动中释放情绪和体验愉快，并获得更多的认识、理解和创新发展。

（二）体育教学内容的转变

1.适当降低运动技能学习的广度和难度

运动技能是学生学习以及促进健康发展的载体，但不是终极和最终目标。适当降低对学生运动技能学习广度和深度的要求，能激发学生运动的兴趣，让学生对基本运动能力有所掌握。学习氛围对学生的学习也有着重要的影响。在初中的体育教学工作当中，教师要与学生建立一种平等的师生关系，以朋友的身份参与到学生们的体育活动当中去。只有地位平等了，学习气氛和谐了，学

生才有胆量去和教师沟通，才能真正获得体育技能。和谐的学习氛围会让学生的学习主体地位得以体现，学生会领会到自己的地位与价值，因此更愿意参加到体育活动当中。

此外还要注意，教学内容要符合学生的体能基础，体能消耗不能过大或过少；要考虑学生现有的技能情况，或者让新旧教学内容有较好的衔接性；要符合学生的身体素质基础；要考虑学生现有的身体素质情况；要符合学生的认知基础。

2. 紧密结合学生的生活经验

构建主义教学原则明确指出："复杂的学习领域应针对学习者先前的经验和学习者的兴趣。"只有这样，才能激发学习者的学习积极性，学习才能是主动的。教学内容越是贴近学生的生活经验，学生就会越喜欢。教学内容应符合学生的兴趣，让学生有学习的欲望和练习的积极性。

教学内容应具有时代感。体育教学内容要具有一定的时新性，在条件允许的前提下，将社会流行的某些运动项目适量引进课堂，如通过将健身球练习适度引入课堂能够帮助学生进行有关神经紊乱和腰背疾病治疗以及纠正体态的效果，既能积极吸引学生的眼球，提高身体素质，还能使不健康的身体得到转归。

3. 在体育教学中应用信息化教学

近些年来，多媒体已经成为教学当中必不可少的工具，并且其应用规模越来越广泛。

在初中体育教学工作当中，运用多媒体工具可以大大提高初中体育教学的质量。在体育教学过程中，多媒体设备可以用来根据课程内容实际，在课前课后播放相应的体育锻炼视频，让学生做到课前预习和课后练习。在授课过程中，多媒体技术可用来向学生展示有些难度系数比较大的、教师无法完成的动作，而对那些教师容易完成的技术动作，通过引入多媒体内容，或是单纯的技能展示，或是关于运动技术的历史文化知识，可以给学生以视觉、听觉等多维刺激，可促进学生对体育教学内容学习的积极性，还能增进学生对内容的掌握程度。利用多媒体设备进行教学，可以使体育教学更加生动形象，多维刺激学生，激发学生的创新思维能力。

4.注重体育教学内容的质与量

为了满足现代化和学生发展的要求特点，体育课程的"以技能为中心"的思想逐渐转变为"身体、心理、社会适应"整体健康发展的目标。在中学体育中，促进健康是目的，运动技能学习是手段。学生在获得体育运动知识与技能的同时，可以感受收获、成功的快乐，体验失败和挫折的情感，培养坚强的意志品质，感悟体育精神与人生哲理，获得良好的情感态度和价值观，从而促进心理健康。所有的这些需要更新和丰富体育教学内容，一是移植和借鉴国外优秀的体育教学内容，包括国外有鲜明特色的体育教学内容，比如跆拳道、瑜伽等，以及起源于瑞典的定向越野，这些都能够激发和培养学生思维的多向性、灵活性、独立性、求异性；二是通过挖掘和开发具有我国民族特色的传统体育教学内容，将民族特色的体育项目创造性地引入课堂。体育教学在全面发展青少年身体素质的同时，培养青少年的民族自豪感。

二、在体育教学中培养学生良好的创新思维品质

思维品质是指"思维发生和发展中所表现出来的个性差异，又叫思维的智力品质"。灵活性、深刻性、独创性、批判性、敏捷性和系统性是最常见的思维品质。具备良好思维品质的学生在体育锻炼中能深入认识到锻炼的重要意义和价值，在追求价值实现的过程中，不断对锻炼内容、形式进行优化和整合，最终形成个人一生的不懈追求。如果缺乏深刻性、批判性和独创性，体育锻炼只能停留在表演这一层面，难以激发自我内驱力，难以将体育锻炼形成习惯。从这个意义上讲，思维品质决定思维的质量。体育锻炼效果的达成、健康行为的养成、体育品德的形成与学生的思维品质紧密相关，教师应该注重培养学生良好的思维品质。在体育教学中，教师可从体育教学方法、教学手段加以实施。

（一）体育教学方法

1.自主学习法

在体育教学中，自主学习法是指为了实现体育教学目标，学生在体育教师的指导下，依据自身的需要和条件制定目标、选择内容等，进而完成学习目标的一种体育学习模式。

采用自主学习法时应注意以下问题：

（1）学生应根据自身情况，选择相应目标和学习内容，并在教师的指导下进行。

（2）学生应根据自身情况，对照学习目标，积极进行自我调控。教师也要及时改进教学方法和教学策略。

2.合作学习法

合作学习法指在教学过程中，学生进行相应的分组，为了完成共同的学习任务而有明确的责任分工的互助性学习形式。在体育教学中，应用该方法应遵循以下几个步骤：

（1）在教师的引导下，学生分成相应的小组根据教学内容确定相应的教学目标；

（2）确定各小组的研究课题，对各小组成员之间的分工进行明确；

（3）小组成员合作学习，围绕相应的主题完成自身的任务；

（4）对学习的过程进行评价和总结。

3.探究式学习

在体育教学中，体育教师通过确定探究问题，引导学生自主、独立思考，利用小组讨论与交流，寻找和发现探究的问题答案，从而获得运动技能等方面的知识与技巧，促进学生思维、情感等方面的发展的一种学习方式。

运用探究式学习应遵循以下步骤：

学生首先提出相应问题，在教师的引导下去进行相应探索；其次，通过进行相应练习，初步掌握技术动作的原理和方法；再次，通过分组讨论，提出相应假设，并进行相应的实践验证，以及对提出的问题进行讨论；最后，得到共同的结论。

（二）体育教学手段

1.强化体育教学手段的创新意识

积极采用多媒体、交互式指导等信息化教学手段，能实现体育教学从强调积累知识和训练技能转变为学生主动建构，从接受式学习转变为探究、自主、合作式的学习，强调学生的主观能动性，强调师生主动互动交流。

2.着力完善体育教学硬件设施

在体育教学过程中，如通过加强多媒体教室建设、加强网络系统建设、建立体育信息教学资源平台、加强教学资源的数字化等，完善体育教学中的硬件设施，是现阶段信息化背景下体育教学中实现师生之间的更好互动交流、实现学生个性化发展、创新性发展的物质基础和有效前提。

三、体育教学中构建学生科学的创新思维方式

（一）体育教学中培养学生的想象能力

想象是一种重要的思维活动，是培养学生创造性思维的一个重要方面。为此，在体育教学中我们要重视学生想象能力的培养，要为学生创造各种条件与机会，让学生打破思维与心理定势，展开充分的想象。

对于具有很强实践性的体育学科来说，示范教学对于学生学习非常重要。将示范与讲解结合起来，能带给学生直观上的认知，让学生在头脑中建立清晰的表象，进而展开充分的想象。如关于"鱼跃滚翻"的教学，教师边示范边讲解。将整个过程用"蹬摆如兔跃，臀部比肩高，支撑做退让，滚动紧束腰"的语言来进行描述性讲解。这样可以帮助学生了解整个动作的程序、结构以及明确各个动作的时间与空间的关系。这样既可以让学生在理论与动作之间建立直接联系，又便于学生的理解与掌握，而且给予了学生进行想象的土壤，引发了学生丰富而直观的想象。

（二）在体育教学中培养学生发散思维能力

发散思维是一种从不同方向、途径和角度去设想，探求多种答案，最终使问题获得圆满解决的思维法，具有多向性和多维性。在体育教学中，教师应注重采取跨学科知识融合、设置开放性问题等方式来培养学生的发散思维能力。

1.跨学科融合教学

培养学生发散思维的一个主要途径就是打破学科界限，让学生学会以综合的眼光来看待问题，从而将学生的思维置于一个更为宽广的空间里。如在立定跳远的技术学习中，教师可以通过多媒体展示整个立定跳远的动作环节，引导学生从侧面观摩整个动作环节构成的曲线，将立定跳远起跳环节与物理中的抛物线原理结合起来，通过跨学科的知识理论，帮助学生更好地理解与掌握运动技术动作。

2.设计开放性问题

与封闭性问题相对，开放性问题具有条件的不完善与答案的不唯一性。教师可以引导学生展开积极的思维，更加有利于培养学生思维的灵活性与发散性。

开放性问题的选择原则：

（1）取材于教材。体育学科研究对象的开放性，为体育教学提供了大量的开放性问题可供挖掘。如在进行篮球防守战术的教学中，教师可以给学生设置这样的问题："根据半场区域联防和半场人盯人防守战术的不同特点，分别说明在何种情境下采用何种防守战术更为有效。"解答这些问题，不但会使学生的体育认知结构丰富和完善，而且会使学生的练习更加理性化。

（2）关注热点。随着社会对体育需求的变化，体育教学要从重具体指示要素向重整体指示结构转变，而且要适应大教育的需要，引导学生加强体育观的主动构建，关注国家体育的发展与变化，关注新闻热点，进而培养学科观念和思想。

3.设计多维体育教学评价体系

教学评价是指基于所获得的信息对教学过程及其效果的价值做出客观、科学的判定，其目的是为了提高教学质量和效益，促进学生发展。体育教学多元化评价是以"健康第一"为指导思想，以"身体、心理和社会适应能力和谐发展"为目标，根据学生身心发展的个体差异制定出相应评价标准，以促进不同层次的学生全面发展的评价方式。

进行教学评价应注意以下几方面：

（1）实施教学评价内容多元化。随着人们对教育评价内容认识的全面加强，评价内容不仅要评价教师的教，还要评价学生的学；不仅评价学生在体能、技能等认知方面的发展，还要评价态度、情感等非认知因素的发展。运动参与，运动技能，身体健康、心理健康与社会适应四方面内容均有必要纳入学习成绩评定范围。

（2）坚持教学评价主体多元化。多元化主体包括教师评价、学生自评和互评、学生与教师互动评价等，也可以将小组互评与对小组每个人的评价结合起来，将学校评价、社会评价和家长评价结合起来。

（3）坚持教学评价方法多元化。在素质教育、创新理念的倡导下，在体育学科教学中，教师对学生的学习评价应注重定量评价和定性评价相结合；

终结性评价和过程性评价相结合。认知把握好学生发展性评价的每个环节，充分体现了以人为本的教学理念，能较好地促进学生学习态度、创新精神和实践能力的发展，促进良好行为习惯的养成，增强积极情感的体验，等等。

（三）在体育教学中培养学生聚合思维能力

聚合思维，是以某种创新目标为集合点，把各种已有的相关信息收集起来，达到其创新目的的思维，其主要方式是归纳与演绎。如在初中体育教学中，教师在对初中学生进行心肺耐力提高的多种运动项目的知识和技能讲授、健康生活方式方面的知识讲授后，安排学生以小组合作的形式，完成如下任务：对于初中学生，该如何科学安排日常的生活？选择一名家庭成员，该如何为其制定健康生活方式？在前一个任务完成过程中，学生需要将运动技能、健康生活方式、心理健康和社会适应方面的知识聚合在一起，结合初中学生的身心发展规律，形成问题解决的办法，达到创新思维训练目标。在第二个任务完成过程中，学生需要对初中学生健康生活方式的内容进行归纳，再结合家庭成员的性别、年龄及兴趣等特点，演绎出属于家庭成员的健康生活方式的内容，实现更高层次的创新思维训练的目标。

（四）在体育教学中培养学生逆向思维能力

逆向思维是指由所要达到的目标推向要领，即由结果开始。这样的教学方法更具悬念性，更能激起学生强烈的探究动机，从而使学生展开主动而积极的探究，在探究中主动思考、积极思维。如在学习"前滚翻"这一内容时，教师可以先利用多媒体向学生形象而直观地展现长方形、菱形以及圆形的滚动情况。学生通过多媒体直观的演示并结合生活经验自然可以认识到只有圆形物体容易滚动。学生由此思考，进而得出身体团得越圆越容易滚动，从而清楚地认识到前滚翻的动作原理。

第三节　体育教学中创新思维训练的案例

案例一："中长跑"创新思维训练教学案例

【案例背景】

本堂课要授课的对象为八年级学生，授课内容为体育与健康课程中的田径类运动项目——中长跑。由于传统中长跑练习容易让学生感到单调、枯燥、厌烦、辛苦，导致学生学习该部分的效果较差，使得中长跑成为体育与健康课程中较难开展的教学内容。

【案例主题】

中长跑是中学生需要掌握的一项最基本的运动技能，对于提高学生体质、锤炼意志是有效方法之一。本堂课秉承以"学生为主体、教师为主导"的教学理念，将学生学习内容融入游戏运动当中，从而减轻学生生理、心理负担，实现"在玩中学、在学中玩"的目的。

【案例描述】

中长跑课堂教学开始，我先带领学生做好课堂常规的热身活动，紧接着安排全班同学以游戏的形式进入本堂课的学习。

接下来，我将男生、女生混合分成四组，并选出组长，将此前已制定好的 5 张任务卡分发给组长，在长为一百米、宽为五十米的场地四周设置 10 个标志点。开始信号发出后，各组成员需要按照各自任务卡上的要求跑向 5 个标志点完成终点标记任务。在明确了游戏规则后，各组组内进行简短的动员并开始叫阵，第三小组率先喊出了自己小组的口号——"团结就是力量，三组同学NO.1"；一组也不甘示弱，喊出小组口号——"一组同学最厉害，比赛就要争第一"；剩下的小组也纷纷喊出口号进行应战。随着一声哨响，游戏开始了，学生们都热情高涨，全身心地投入游戏中，助威声此起彼伏，学生们忘我的投入深深地感染了我。在比赛进行中，我密切关注他们的运动状态，时而提醒他们注意调整呼吸（两步一吸两步一呼、三步一吸三步一呼），时而提醒他们手臂摆起来、步伐迈大些。激烈的课堂氛围，调动了每位学生持续奔跑的激情。定向运动游戏让每位同学的耐力练习得到了保证，与此同时也让他们各自的特长得到了充分的展示。一组的张同学发挥爆发力强的优势，一马当先，率先完成任务；二组的李同学发挥灵活性好的优势，通过充分利用规则，也顺利完成任务；三组的刘同学身体素质方面尽管没有特别突出，但善于思考，也拿到了排名第三的成绩；最终四组的王同学因综合素质比较弱，落在了最后。但就在其他小组陆续完成任务只剩下他的情形下，他也丝毫不言放弃，而是坚持到底，最终按要求完成任务。在整个游戏过程中，课堂气氛高昂，同学们体现出了良好的团队合作精神，也展示了"友谊第一、比赛第二"的体育道德风尚。

第一轮游戏结束后，为了培养学生独立思考、分析问题、归纳总结的能力，我向学生提出了如下问题：对于中长跑，我们该如何获得最佳的运动成绩？我安排全班同学以小组为单位，进行分组讨论。接收到学习任务后，同学们开始了激烈的讨论。有小组回答：跑步时要注意科学利用嘴鼻呼吸，脚着地时尽量不用脚后跟着地，跑步时保持好的节奏，是获得最佳运动成绩的关键。我接着问：该如何稳步提高中长跑的运动成绩呢？有小组回答：每周应有不少于三次的体育锻炼，每次运动半个小时以上，并且对强度还要有要求。我接着问：中长跑对我们的健康有什么好处？对当前新冠肺炎疫情下国民的体质健康有何帮助？有小组回答：中长跑可以提高心肺功能，增强体质，提高免疫力，对于维持好当下新冠肺炎疫情下的身体健康水平是非常好的一种运动方式。

我针对学生们的回答分别进行了点评，对答得好的给予了肯定与表扬，对回答偏离正确答案或完全错误的，及时给予了纠正，并向他们分析出现这种思考的原因，以防再次出错，特别是结合各组学生在运动中的表现这一真实体验情境，进行针对性的分析，如一组的学生在跑步过程中运用了合理的呼吸方式……然而大多数同学还没能利用好耐久跑的方法和技巧。因此，我向学生们详细介绍了耐久跑的关键技术要领，以及遇到耐久跑极点时应当如何应对。学生们听得很认真，还时不时地提出心中的疑问，我也一一作答。

在互动交流环节结束后，为了进一步培养学生知识重构、学以致用的能力，我安排学生对刚刚的比赛结合讨论进行总结，带着总结后的新状态进入第二轮比赛。在第二轮比赛中，学生们在游戏中表现得要更加沉着淡定，同时，学生们在跑步中能及时根据环境变化调整自己的呼吸和步伐。能较好处理"极点"出现时的状态以及保持良好的心理状态成为这一轮比赛最大的看点。第二轮比赛结束后，同学们面对比赛成绩的情感态度变化，那种从学习过程中所获得的快乐感已远远高出了其所得成绩带给他们的幸福感，让我倍感欣慰。最后，我安排了一套轻松愉快的太极拳运动作为本堂课的放松练习，并对这一整堂课的内容及学生们的表现做出总结和评价，然后给学生布置了一定的课外作业，希望在鞭策学生日常坚持耐久跑的过程中，逐渐引导学生养成良好的体育锻炼习惯。

【结果与反思】

回顾本次课的教学，我首先以游戏的形式将学生不知不觉引入课堂内容的学习中，实现了让学生"在玩中学"这一目的。在游戏结束后，我巧妙地设计了几个问题，并且结合学生们在游戏中的切身体会进行分析探讨，高效地帮助每一位学生发现自身的不足，形成知识的重构。紧接着，在课堂的后半部分，我安排了学生带着"知识重构"后的新状态进入第二轮的游戏，实现了学生自我能力的提升与突破，是真正意义上的"在学中玩"。

通过本次课，我进行了以下反思：耐久跑是一项长时间的单循环运动，学生在练习时容易感到单调、枯燥、厌烦、辛苦，甚至有些同学会产生恐惧心理。对既往的耐久跑的授课，学生都是以被动的形式去接受，致使耐久跑开展起来比较困难。如何化被动为主动，变革这种单调、枯燥、厌烦的教学方式？这就需要调动学生参与的积极性。游戏竞赛的授课形式能满足学生摆脱单调枯燥，追求运动形式趣味性、结果不可预测性的心理特点，能发挥学生参与学习的主观能动性，让学生成为课堂的主体。"在玩中学、在学中玩"不失为一种激发学生长跑积极性、培养学生养成良好运动习惯的教学模式。

案例原作者信息：高明附属学校 严瑞和

案例一点评

本堂课的设计基于学生们对耐久跑兴趣低下这一现状，变革传统的教学方法，采取游戏竞赛的形式，贯穿整个课堂的始终，设计巧妙，很好地实现了学生"在玩中学、在学中玩"这一目标。在本堂课的教学中，教师采取了小组合作学习、探究式的教学方法，通过教师引导、师生互动等实现思维的构建，特别是将"新冠肺炎疫情"这一热点话题引入课堂，对于增强学生的社会责任感、激发学生发散性思维作用凸显。本堂课引入"太极拳"的放松练习，对于丰富体育教学内容，营造培养创造性思维的良好环境提供了良好基础，同时将中华体育文化引入课堂，有助于增强学生的民族自豪感。

案例二：篮球持球交叉步突破创新思维训练教学案例

【案例背景】

本堂课要授课的对象为高一年级学生，授课内容为篮球模块中的持球交叉步突破。持球交叉步突破是篮球运动教学模块中的重要组成内容，在篮球基础动作教学中，有较大的难度，需要学生有一定的素质基础。

【案例主题】

持球交叉步突破是持球突破的一种形式，也是篮球运动中重要的进攻技术，是个人摆脱防守的重要手段。本次课遵循"立德树人""健康第一"的指导思想，采取小组合作学习、探究式学习等方法，以持球突破为主线，从技术内涵与外延进行强化练习，努力贯彻高中体育学科核心素养，以培养学生运动能力、健康行为、体育品德为主线，促进学生健康成长。

【案例描述】

首先教师带领学生进行运球热身慢跑，将运球慢跑与运球跳步急停练习融入准备活动中，既进行了充分的热身，也巩固了跳步急停技术，为接下来的内容学习打下了基础。

接下来，教师以多媒体显示屏展示篮球明星科比在大型比赛中的关于篮球持球交叉步突破的精彩集锦，一来激发学生学习的热情，二来让学生从直观上观察持球交叉步突破的整个动作，建立对该动作的直观认知。

接着，教师对持球交叉步突破进行讲解示范，让学生仔细观看，然后带领学生一起学习持球交叉步突破技术。在学习持球交叉步突破阶段，教师先采用分解练习法，将分解动作教给学生。学生进行完整动作的练习，体验技术要领，通过教师的讲解示范和练习，明白持球交叉步突破的重点在于蹬跨、转体探肩、蹬地运球加速摆脱，进行针对性练习。

接着，教师进行分组教学，将持球交叉步突破技术和传接球技术融入分组练习中。在分组教学阶段，教师第一采用的是四人一组的小组合作学习方式，旨在培养学生在篮球运动中的团结协作意识；第二采用的是防守队员进行消极防守，并逐步增加防守强度，模拟实战中的防守情况，这样的练习方式更有利于学生在实战中发挥出所学内容，充分做到学以致用；第三采用的是将持球交叉步突破与双手胸前传接球结合在一起，此练习方法的亮点在于既培养了学生的持球突破能力，也提高了学生突破后分球（突分）的意识，在练习的过程中提醒学生不要走步。持球交叉步突破的难点在于探肩与放推球时机的掌握。接着教师进行持球交叉步突破的拓展练习，三人一小组，同学 A 在右侧 45 度三分线附近做消极防守，同学 B 在 90 度三分线弧顶传球，同学 C 接同学 B 的传球运用持球交叉步突破技术完成上篮，不管球进不进，主动争抢篮板，然后将球传给 B，三人依次轮转完成练习。此练习要求学生完成交叉步突破后采用行进间低手投篮、高手上篮或者急停跳投的方式得分。教师最后请 2～3 名学生进行展示，及时作出评价，对做得好的同学及时鼓励表扬，对有不足之处的同学也要及时纠正。实战中的防守情况是不可定的，不限制学生的得分方式有助于他们在实战中更有效地防守，从而运用持球突破技术完成得分。

最后，进行身体素质练习——加速运球跑。学生结合跳投的技术动作完成三次纵跳，最后运球折回用双手传接球的方式将篮球传给后排同学，跑至队尾。

【结果与反思】

回顾本次课的教学，在进行体育教学准备活动后，我首先通过多媒体引入篮球明星效应，激发学生的学习兴趣，顺势引入本堂课的教学内容，接着采取了讲解、示范、自主实践相结合的教学方法，让学生在建立对技术动作的直观认知基础上，掌握动作技巧。随后，我采取了分组教学，从内容、形式的安排上，遵循了从易到难、从简到繁、从单一向多样化的原则，增进学生对持球交叉步突破动作的理解和领悟，同时培养学生学以致用、快速应变、团结协作、解决实际问题的能力。

通过本次课，我进行了以下反思：持球交叉步突破是篮球运动教学模块动作教学中有较大难度的一部分内容，需要学生有一定的体能、技能基础。在完成该动作时，比较容易出现的错误为交叉步持球时脚尖方向不对，造成转体过大，或突破时侧身探肩不够，身体重点太高，后蹬无力，加速不快。而类似这些动作要领在个人练习时较难发现或感知，只有将个体置于与他人所建立的空间环境中产生互动关系，才能切身体验进而改进提高。因此，在体育教学中，在加强个人练习的基础上，应将技术动作的练习融入更为复杂的体能、技能与环境结合的实践中，有助于加强学生对动作的掌握，提高所学动作的实战性。

案例原作者信息：南京市栖霞中学 潘宣豪

案例二点评

本次课采取小组合作学习、探究式学习等方式，以持球突破为主线，从内涵深入与形式外延进行强化练习，设计合理，实现了培养学生运动能力、健康行为、体育品德的目标。

本堂课在内容的设计方面，从个人自主实践到小组合作练习，从单一内容难度的加大到多个内容的融合，遵循认知行为理论规律，提高了学生对篮球持球交叉步突破技术动作的掌握，培养了学生的团结协作能力、应变能力、发现问题解决问题的能力。教师将持球交叉步突破与双手胸前传接球结合在一起练习，培养了学生的聚合思维能力，通过持球交叉步突破的拓展练习，着重培养了学生的发散思维能力。